国家自然科学基金面上项目 “‘一带一路’学术人才向中国流动的开放式‘推拉模型研究——人工智能方法的运用’”（71774015）成果

教育与“一带一路”倡议
——发展分析与政策含义

孔繁盛　张志强　刘　进　编著

天津大学出版社
TIANJIN UNIVERSITY PRESS

图书在版编目(CIP)数据

教育与“一带一路”倡议：发展分析与政策含义 / 孔繁盛，张志强，刘进编著. -- 天津：天津大学出版社，2022.3

国家自然科学基金面上项目 ‘一带一路’学术人才向中国流动的开放式‘推拉模型研究——人工智能方法的运用’

ISBN 978-7-5618-7145-4

Ⅰ. ①教… Ⅱ. ①孔… ②张… ③刘… Ⅲ. ①“一带一路”－高等教育－文集 Ⅳ. ①G64-53

中国版本图书馆CIP数据核字(2022)第060529号

出版发行	天津大学出版社
地　　址	天津市卫津路92号天津大学内(邮编:300072)
电　　话	发行部:022-27403647
网　　址	www.tjupress.com.cn
印　　刷	北京盛通商印快线网络科技有限公司
经　　销	全国各地新华书店
开　　本	169mm×239mm
印　　张	9.25
字　　数	181千
版　　次	2022年3月第1版
印　　次	2022年3月第1次
定　　价	36.00元

作者简介

孔繁盛

香港中文大学社会科学学士（经济学）及文学硕士（教育），澳大利亚悉尼大学哲学博士，现任香港中文大学教育行政与政策学系客座助理教授，致力于教学研究工作40余年，先后任香港中学经济科高级学位教师、香港特区政府柏立基教育学院高级讲师、香港中文大学教育行政与政策学系助理教授、澳大利亚悉尼大学访问学者。研究范围包括人力资本投资与教育回报、高等教育发展、海外升学、区域经济与教育发展等，过去20多年来在香港、北京、上海、深圳、南京、西安、武汉、贵阳、广州等地参与相关大型研究。2004—2005年受香港贸易发展局委托主持顾问研究项目“香港高等教育服务：出口潜力”，其报告建议促成香港高等院校进一步招收内地及海外学生，被香港中文大学2005—2006年年报列为“杰出研究计划”。论文发表于英国、澳大利亚、荷兰、中国香港及中国内地等国家和地区的学术期刊上，如“Higher Education”、“Compare: A Journal of Comparative and International Education”、“International Journal of Educational Development”、《高等教育研究》、《复旦教育论坛》、《清华大学教育研究》、《教育研究》等。

张志强

现任香港中文大学教育学院教育政策及行政系主任及大学与学校伙伴协作中心主任，约翰霍普金斯大学客座教授及南京师范大学特聘讲座教授，亚太研究学会和香港研究学会会长。曾任香港中文大学教育学院副院长和美国约翰霍普金斯大学教育学院副教授。研究范围包括国际教育、双语教育、学校整体改革、教育科技、阶层线性模式及统合分析，参与多个相关范畴的大型随机实验及研究，曾在多个国家参与研究，包括英国、美国、中国、印度、新加坡、马来西亚、印度尼西亚、爱尔兰及墨西哥。发表100余篇论文、书章节及研究报告，部分论文在著名学术期刊发表，如"Review of Educational Research"（RER）、"Educational Research Review"（ERR）、"Journal of Educational Psychology"（JEP）、"American Educational Research Journal"（AERJ）和"Reading Research Quarterly"（RRQ）。2008年荣获美国教育研究学会（AERA）Palmer O. Johnson Memorial Award；2013年获香港中文大学颁发的"卓越研究奖"；2016年获其母校美国杨百翰大学颁发的"杰出校友成就奖"；2018年获澳大利亚研究理事会（ARC）颁发的Discovery International Award；2021年获香港中文大学教育学院颁发的"教学卓越"。

刘进

北京理工大学副研究员、博士生导师，北京理工大学国际争端预防与解决研究院研究员。美国麻省理工学院、波士顿学院、塔夫茨大学及意大利都灵大学等高校访问学者。主持3项国家自然科学基金项目，主持9项省部级课题。作为独立作者或第一作者在商务印书馆等出版机构出版学术专著10部，其中英文专著3部。在本领域顶级英文期刊"Higher Education"、"Asian Pacific Education Review"、"Journal of Higher Education Policy and Management"等发表SCI/SSCI收录论文9篇。在《教育研究》《高等教育研究》《比较教育研究》《中国高教研究》《清华大学教育研究》《复旦教育论坛》《高等工程教育研究》等期刊发表中文论文50余篇。先后获得湖北省优秀博士学位论文，省教学成果奖特等奖、一等奖、二等奖等多项奖项。担任《重庆高教研究》编委，兼首届青年学术委员会主任，创立"一带一路"高等教育研究国际课题组并举办5次国际会议。先后借调到中共中央组织部、北京市委。挂职海南省昌江县副县长。

前　言

高等教育对外开放是我国改革开放事业的重要组成部分，也是人类命运共同体建设的重要内容。在当今纷繁复杂的国际形势下，高等教育面临着一系列新压力、新挑战。在重大危机面前没有谁能够独善其身，各国是休戚与共的命运共同体，团结合作是应对挑战的必然选择。教育交流合作的意义和作用远远超过了教育本身。在新的对外开放形势下，高等教育国际交流合作要坚持扎根中国与融通中外相结合，以更加开放合作的姿态应对全球共同威胁和挑战。

“一带一路”倡议下的高等教育国际交流合作是实现共商共建共享，促进“民心相通”的关键所在。“国之交在于民相亲，民相亲在于心相通。”“心相通”的深层基础是文化、关键在教育。目前，我国专家学者对“一带一路”沿线国家高等教育研究比较少、成果积累有限、研究时效性缺乏，尤其是对“一带一路”沿线国家高等教育历史、现状与趋势，教育制度、政策与体系，人才培养体制与入学制度，教育国际交流与合作等缺乏比较研究，无法有效支撑“一带一路”高等教育研究和实践活动。

2015 年至今，本项目团队聚焦“一带一路”高等教育，持续开展系统研究，形成立体化研究成果，部分弥补了国内外研究的不足。一是系统梳理各国教育体系。逐一展开对“一带一路”沿线国家教育制度、对华联系、招生考试等专题研究，已发表学术论文 70 余篇、出版“一带一路”高等教育研究系列专著 6 部。自 2021 年起，本项目团队陆续推出“一带一路”高等教育合作研究丛书和“一带一路”高等教育国别研究丛书两套丛书。“一带一路”高等教育合作研究丛书主要以“一带一路”沿线国家高等教育为研究对象开展合作比较研究。“一带一路”高等教育国别研究丛书是以国家为单位，分册介绍“一带一路”沿线 64 国的高等教育概况。二是聚焦“一带一路”人才流动、招生质量、大数据库建设等关键议题，通过承担科研项目积极发挥智库作用。先后主持2项国家自然科学基金面上项目、6项省部级项目，绘制形成64国学生流动图谱，长线追踪高质量生源流动轨迹。三是搭建平台举办系列学术会议。2015年创立“一带一路”高等教育研究国际课题组，以国际课题组为平台，组织召开了5届“一带一路”高等教育国际会议，已成为全球范围内举办时间最早、系列化程度最高、学术影响最大的“一带一路”高等教育研究会议之一。四是成立“一带一路”教育大数据研究中心，成为面向“一带一路”沿线国家、以大数据为主要研究方法的国别和区域研究中心，基于大数据平台开展各类纵贯研究。

为进一步推进“一带一路”沿线国家高等教育研究，自2019年起，本项目团队与香港中文大学张志强教授团队开展全面合作，共同推进“一带一路”高等教育研究活动。本书是双方合作研究的首部专著成果。

由于水平有限，时间仓促，本书中应该还存在一些不足，敬请专家学者和读者朋友不吝指教。

刘进
2021年10月于北京理工大学

目　录

第一章 "一带一路"上的教育与经济发展：概念性评论

孔繁盛（香港中文大学教育行政与政策学系　客座助理教授）
张志强（香港中文大学教育行政与政策学系　教授、系主任）

一、引言

"一带一路"倡议自2013年由中国提出，至今已成为国家优先政策。"一带一路"包含亚、欧、非三大洲部分区域中的60多个国家，其人口总和占全球六成以上，其国内生产总值总和占全球约三成。"一带一路"倡议理念有利于"一带一路"沿线各国间增加资本货品流通、刺激经济发展、扩展及深化经济融合并增强新的联系。"一带一路"倡议在未来可能带来的机会具体有五大范畴：贸易与投资、设施共通、财务结合、政策协调和文化交流①。

"一带一路"倡议现今目的与计划以"一带一路"上经济生产活动为主，并以基建及能源等物质资本（physical capital）的建造、获取、贸易为重心，而较少触及教育及培训等人力资本（human capital）的投资、积累和运用方面②③。然而，当未来"一带一路"上经济发展逐渐开展甚至起飞时，特别是在基建、农业、工业、贸易、金融、通信、信息科技等行业，更多的物质资本将被广泛深入地投资和采用，自然亦同步需要及投资更多具备不同技术和知识水平的人力资本，以供并行操作使用。因此，"一带一路"倡议在重视物

---

① McKinsey & Company, *One Belt and One Road: Connecting China and the World*, 2016.

② Schultz, T.W., "Investment in Human Capital", *The American Economic Review*, Vol.51, No.1, 1961.

③ Becker, Gary S., *Human Capital: A Theoretical and Empirical Analysis, with Special Reference to Education*, 3rd ed., Chicago: The University of Chicago Press, 1993, pp. 15-20.

质资本的同时，亦需要认同人力资本投资与积累在长期经济发展成长中的重要性。否则，长远持续的经济发展将难以保持下去。

一国的教育普及程度和人口教育水平，特别是对工人而言，往往影响其在工作岗位使用有关工具、机器、仪器的水平①，也影响着他们学习和运用工作所需的现有及新颖技术、信息和知识的能力，亦影响着他们在工作团队中的分工、合作、沟通、解难的表现。从以上内容粗略来看，一国的教育发展影响该国的经济发展。反之亦然，一国经济发展状况的不同及所处阶段的高低，往往使对工人的教育要求和需求产生变化，亦即对教育发展有着不同的要求以兹配合。

一方面，“一带一路”倡议引起和增进对物质资本、人力资本、经济发展和教育发展之间相互关系的学术关注和理解。另一方面，“一带一路”倡议带来对其自身理念、框架和策略的多方面讨论，其中包括：倡议目的、市场力量和与参与国本身的关系②；中国在倡议中的客观立场；倡议本身面临的重重障碍，包括协调机制、不同政治制度和信仰的潜在差异、跨境项目的财政可行性等③；倡议涉及的环境影响和持续性考虑④；倡议带来不同过程的区域性及副区域性结合动力及在地理上逐渐形成的地缘政治；倡议涉及的复杂性如利益和潜在风险的处理；倡议透过劳力供给和自然资源框架的运作而带来的“跨国协同效应”⑤；倡议的性质涉及的区域性经济结合，涉及的基于共享利益、目标和责任的全球性治理新模式，以及涉及的文化学术交流合作、人员交流合作、媒体合作、青年及妇女交流及义工服务⑥；倡议的原则和指引，以进行

---

① Schultz, T.W., “Investment in Human Capital”, *The American Economic Review*, Vol.51, No.1, 1961.

② Cheng, Leonard K., “Three Questions on China’ s ‘Belt and Road Initiative’”, *China Economic Review*, Vol.40, No.40, 2016.

③ Huang, Yiping, “Understanding China’ s Belt & Road Initiative: Motivation, Framework and Assessment”, *China Economic Review*, Vol.40, 2016.

④ Solmecke, U, “Multinational Enterprises and the ‘One Belt, One Road’ Initiative: Sustainable Development and Innovation in a Post-crisis Global Environment”, *Copenhagen Journal of Asian Studies*, Vol.34, No.2, 2016.

⑤ Namaki, M. S., “Is China’s Belt and Road Initiative (BRI) A Case of Cross-Country Dynamic Synergy?”, *Scholedge International Journal of Management & Development*, Vol.4, No.5, 2017.

⑥ Zeng, Jinghan, “Does Europe Matter? The Role of Europe in Chinese Narratives of ‘One Belt One Road’ and ‘New Type of Great Power Relations’”, *Journal of Common Market Studies*, Vol.55, No.5, 2017.

区域内和跨区域的相互结合[①]。

诚然，“一带一路”上各国的教育发展、经济发展及两者之间的相互关系既有相似或共通之处，也有不尽相同的地方，其中一些差异甚至可以很大。无论如何，了解“一带一路”上各国的教育与经济发展的关系，再加上了解对各国在其他范畴的不同发展背景的理解和考虑，对“一带一路”倡议的长远落实和演变，将会起着重大关键作用。因此，本书尝试对“一带一路”上教育发展与经济发展之间的关系作出一些概念上的了解、讨论和评析，并辅之以一些有关实证的研究和分析，希望找出通则性和特殊性，以提供“一带一路”倡议在理论及实践方面的参考。

在第二部分，本书尝试运用新结构经济学概念去讨论和分析经济发展、人力资本和教育之间的关系，特别是企图找出经济和教育发展的互动及其对教育的意义。在第三部分，本书尝试从现实世界去看“一带一路”倡议在国际引起的反应和回响，并试图引申及找出教育在其中可能扮演的角色和未来发展方向；其中包括国际多个国家的智库在2015年前的数年间对“一带一路”倡议的多个有关分析报告，及中东欧与欧盟国家政经高管人员对“一带一路”倡议看法的实证调查分析报告。基于此，在第四部分，本文尝试对“一带一路”倡议所涉及的教育考虑作出一些概念和实践上的讨论，并于最后一节作出小结和展望。

二、经济发展、人力资本和教育：新结构经济学概念

（一）要素禀赋结构

“一带一路”沿线国家生产要素禀赋结构不尽相同，其中差异可以很大。就发展中国家的经济发展而言，根据新结构经济学，其应该是“以促进要素禀赋的结构升级为目标，而不是以（产业）结构/技术的升级为目标。因为一旦要素禀赋结构升级，利润动机和竞争压力就会驱使企业自发地进行技术和产业结构升级，要素禀赋结构升级意味着资本（无论是物质资本还是人力资本）积累比劳动和自然资源的增长更快”[②]。其分析假设价格结构能够反映每

① Jin, Bei, “Economic Globalization 3.0 and the Concept of Interconnection under the Belt and Road Initiative”, *China Economist*, Vol.12, No.2, 2017.

② 林毅夫：《新结构经济学：反思经济发展与政策的理论框架》，北京大学出版社2014年增订版，第324页。

一生产要素的相对稀少性（scarcity）。概念上，“一带一路”倡议中基建工程/器械/设施/物料的添置、财务贷款的优惠、贸易的补贴等，均会改变每一生产要素（包括人力资本）的相对稀少性，进而改变其相对价格；具体上，人力资本会更显得相对稀有（因基建等变得较为充裕），其相对价格会逐渐升高。长远来说，在“一带一路”倡议下，沿线发展中国家对人力资本的需求会逐渐相应增加，从而对人力资本的投资和积累会增加和日益重视。因此，随着“一带一路”倡议的推行及深化，教育对“一带一路”沿线发展中国家来说，将会愈益重要。

林毅夫认为，发展中国家“在研发、人力资本[①]、‘干中学’方面的投资都远远低于发达国家”。就教育而言，就是指教育提供的方法适宜与否、教育素质是否提升及在哪方面提升、教育的普及程度及在哪方面普及、教育课程与教学（包括目标、内容、方法等）能否与当地经济生产及要素禀赋结构相互配合等。这些教育议题，对生产要素禀赋结构的升级来说，是重要和不容忽视的。

林毅夫指出，“Acemoglu 和 Zilibotti 强调进口技术的坏处。在他们的理论架构里，发达国家的技术是由熟练工人使用的；当技术转移到（发展中）国家的时候，技术是由非熟练工人使用的。劳动技能和技术之间的这种不匹配会导致发达国家和发展中国家在人均产出和全要素生产率（TFP）方面出现巨大差距……在 Acemoglu 和 Zilibotti 看来，改善工人的技能基础和人力资本对于收入收敛是至关重要的”[②]。由此看来，如何改善并提高教育水平，在技术转移过程中，是十分重要的。

（二）比较优势

林毅夫认为，发展中国家要成功缩小与发达国家的差距，其经济发展方向会面对遵循或违背该国自身“比较优势”的两项选择[③]。

若选择前者，由于“经济中的技术和产业升级常常要求不同企业和部门

---

① 林毅夫：《新结构经济学：反思经济发展与政策的理论框架》，北京大学出版社 2014 年增订版，第 325 页。

② 林毅夫：《新结构经济学：反思经济发展与政策的理论框架》，北京大学出版社 2014 年增订版，第 326 页。

③ 林毅夫：《新结构经济学：反思经济发展与政策的理论框架》，北京大学出版社 2014 年增订版，第 330 页。

能够协同配合。例如，新的产业和技术对人力资本或技能方面的要求可能不同于老的产业和技术……所以，一个企业的产业和技术升级的成功与否也取决于企业之外是否存在新的人力资本供给”[①]。这蕴涵着经济发展急需崭新而合适的人力资本供应，亦即需要更多和适当的知识和技术，以应对技术和产业的升级。这无疑对教育在“一带一路”倡议中的角色作出正面启示。

若选择后者，教育的角色可能更重要。这是因为一国的“比较优势”主要是由其生产要素禀赋结构——物质资本和人力资本——所决定的。而无论该国的物质资本多或寡、优或平庸、高端或低端，均急需有数量充裕、具有合适的知识和技术的人力资本去辅助、操作、运用、配合、管理和开发。

据此概念，在“一带一路”倡议推行过程中，参与国彼此在物质资本和人力资本的多方面合作，无论是遵循还是违背各国自身的“比较优势”，始终依赖更多、更新、更佳、更合适的人力资本。具体上，参与国在教育政策方面可能需妥善考虑在彼此的经济发展需求、知识与技术要求、技术水平等方面取得恰当平衡；在课程与教学方面，参与国可能需考虑如何投资于人力资本，以传授既可配合、又可提升彼此人民教育素质的知识与技术，并进行交流，以适应各国社会经济发展所需。

（三）人力资本

林毅夫引述 Schultz（1975）的话说：“经理人员或工人们在升级过程中需要面对和解决新技能、生产、营销等方面带来的不确定性问题，他们还需要对引进的技术作出许多改良，以适应本国的环境。提高经理人员和工人的人力资本将有助于他们应对不确定性，并进行必要的改良。当一个发展中国家缩小其与发达国家的产业和技术差距时，它将离开成熟的产业和技术，向更新的、不成熟的、不确定的产业和技术靠拢，这将要求有更多的人力资本。也就是说，在新的、前沿性的产业和技术中，人力资本与物质资本的互补性越来越强。由于物质资本和人力资本之间存在互补性，在收敛过程中同时积累物质资本和人力资本是很有必要的。然而，人力资本并不是物质资本的替代物，人力资本的过度积累会导致资源的浪费。”[②] 此引述有两个重要启示：

① 林毅夫：《新结构经济学：反思经济发展与政策的理论框架》，北京大学出版社 2014 年增订版，第 333 页。

② 林毅夫：《新结构经济学：反思经济发展与政策的理论框架》，北京大学出版社 2014 年增订版，第 336 页。

①人力资本投资是重要的，因其具模仿性、灵活性、创新性与物质资本互补性；②适量及适度的各类人力资本组合是必需的，以求达到人力资本的最佳运用。由此看来，加大教育投资——特别是基础教育的普及化及教育多元化——以求达到真而实的教育素质提升，对“一带一路”倡议中参与各国来说是特别重要的。

（四）收入分配

林毅夫指出，“欠发达国家的穷人最重要的资产是自己的劳动力。遵循比较优势的政策将通过更为劳动密集型产业的发展促进持续的经济增长，为穷人创造更多的就业机会，提高其工资，使穷人有机会分享增长的好处。相反，违背比较优势的政策会通过促进更为资本密集的产业的发展而减少穷人的工作机会，压低穷人的工资”[①]。但是，穷人自己的劳动力也是可以通过教育与培训提高的：工人可以一方面接受在其工作行业的特殊训练（specific training），另一方面接受提高一般能力的通能训练（general training）[②]。这无疑是遵循比较优势以提高一国自生能力的踏实选项。

三、国际反应

（一）国际智库：报告分析

1. 初步反应

王灵桂在2015年选取并分析了来自印度、美国、俄罗斯、英国、加拿大、巴基斯坦、新加坡、澳大利亚、瑞士、土耳其、荷兰、瑞典、以色列、哈萨克斯坦和比利时等国家的数十家主要智库在2015年前的数年间发表的与“一带一路”倡议直接或间接有关的两百多篇研究报告及评论文章的主要观点。

美国的110多家智库，对“一带一路”倡议的领域、议题、角度和力度最为关注。王灵桂（2015）认为，“美国的智库们较热衷于研究‘一带一路’沿线国家，包括马来西亚、俄罗斯、印度、希腊、阿富汗、蒙古等”。

---

① 林毅夫：《新结构经济学：反思经济发展与政策的理论框架》，北京大学出版社2014年增订版，第340页。

② Becker, Gary S., *Human Capital: A Theoretical and Empirical Analysis, with Special Reference to Education*, 3rd ed., Chicago: The University of Chicago Press, 1993, pp. 33-50.

俄罗斯的智库对“一带一路”及其沿线国家的观察，与美国的不相同[①]。例如，战略和科技分析中心的一连串报告看重“一带一路”中巴经济走廊为巴基斯坦、海湾地区、非洲部分地区和亚洲带来的机会和经济效益，以及“一带一路”倡议将通过改变以油轮与集装箱为主的贸易方式提升中国与西非、亚洲地区的贸易量。总的来说，俄罗斯智库认为“一带一路”倡议并不涉及政治目的，只要妥善处理“一带一路”在中亚地区及与俄罗斯的“欧亚经济联盟”建设相对接的中俄利益，中俄双方更可合作推进“一带一路”沿线国家建设，以作范例。

欧洲的智库认为亚投行的成立促使欧洲国家成为“一带一路”倡议的重要伙伴之一，但欧洲国家并不知道如何对接“一带一路”，中国企业也不知道如何拓展各国优势及需求迥异的欧洲市场。他们分析的结论包括：审慎看待中欧关系，注重高层次人员交流与沟通，尽早建立“一带一路”倡议实施的样板以供参考示范[②]。

法国一些智库认为中法可联手开发欧洲的高铁、码头、港口、机场以至核电等法国具优势的基础设施，并建议在另一法国具大优势的产业——文化创意与时尚产品以及“一带一路”沿线国家的文化创意、旅游服务等产业建设中进行中法合作。创意和以人为本的教育，应是十分重要的。

英国智库主要从英国奉行已久的重商主义和人文主义角度去看待“一带一路”倡议。前者促使英国需要中国的投资来更新本国机器厂房和基础设施，以增加对中国的出口；亦促使英国率先加入倡议下成立的亚投行，以巩固本国的国际金融优势，约六成境外人民币支付是在伦敦进行的。后者促使英国加强中英教育合作，以发挥英国教育优势，“包括批判性思维、独立性思考、跨学科知识、国际化视野、高度社会责任等”[③];人文主义亦令英国高度发达的传媒业可与中国传媒业在纪录片、专题片、纸媒、广播电视、音像制品等领域进行双边合作，并联合培训培养现代传媒人才，以满足“一带一路”倡议实施过程中沿线国家的媒体对有关信息的调查、沟通和关注等庞大新生需求。由此看来，英国教育和传媒业，正是“一带一路”倡议所需的“软实力”，亦即人力资本的素质。

---

① 王灵桂编：《国外智库看“一带一路”》，社会科学文献出版社 2015 年版，第 7 页。

② 王灵桂编：《国外智库看“一带一路”》，社会科学文献出版社 2015 年版，第 8–9 页。

③ 王灵桂编：《国外智库看“一带一路”》，社会科学文献出版社 2015 年版，第 10 页。

德国智库认为，德国制造代表质量与卓越——其中包括汽车、机械制造、化工医药、电子电气等四大传统优势产业——对中国在“一带一路”方面产生的启示是产品制造要具创新性，注重质量、品牌①。意大利智库认为，意大利作为“中小企业王国”，其引以为傲的食品、服装、家具的“3F”产业的传统优势经验，对中国在丝绸之路城市上发展中小企业甚有帮助②。德、意二国的经验均揭示了职业培训教育和工商管理教育在“一带一路”倡议中依然扮演重要角色。

王灵桂（2015）分析了7个印度智库对“一带一路”倡议的研究报告，发现在时序上对于“一带一路”倡议，这些智库经历了初期的抵触、犹疑以至最近的初步欢迎等阶段③。其全球关系委员会有关报告认为，新的丝绸之路应“为一种绿色和自反性现代化的努力而存在”。该委员会的另一份报告则关注中印在南亚地区因倡议“一带一路”发展而衍生的彼此在经济、教育和文化交流方面的参与和角力。印度观察研究基金会的报告则批评印度在过去对基建的发展和改善，只为获得既得利益而非为广大人群的机会着想。

此外，王灵桂（2015）亦引述及分析了加拿大、新加坡、澳大利亚、土耳其、荷兰、瑞典、以色列、哈萨克斯坦、比利时等国智库的一些有关研究报告④。

由上述王灵桂于2015年对多国智库的研究报告的分析可见，“一带一路”沿线及毗邻国家和英美，对“一带一路”倡议的看法和反应不一，这是各国的自身禀赋优势、政经发展均各有不同所致。自然地，有关各国会对“一带一路”倡议既抱有一定的期望，亦存在怀疑甚或误解。

2. 国际新秩序：经验与原则

2020年，王灵桂进一步在其与其他学者合著的《“一带一路”引领国际新秩序构建：国外智库论中国与世界（之八）》的前言⑤中阐述国际新秩序的背景：“二战结束之后，发展中国家面对自身在全球发展进程中的不平等地

---

① 王灵桂编：《国外智库看“一带一路”》，社会科学文献出版社2015年版，第10页。

② 王灵桂编：《国外智库看“一带一路”》，社会科学文献出版社2015年版，第11页。

③ 王灵桂编：《国外智库看“一带一路”》，社会科学文献出版社2015年版，第11-12页。

④ 王灵桂编：《国外智库看“一带一路”》，社会科学文献出版社2015年版，第12页。

⑤ 王灵桂，蒋岩桦，景峰：《“一带一路”引领国际新秩序构建：国外智库论中国与世界（之八）》，社会科学文献出版社2020年版，前言。

位，呼吁构建国际新秩序……发展中国家能否有如发达国家一样的历史机遇，成为工业文明的享有者？这些问题成了发达国家和发展中国家之间争论不休的话题。”

就此，王灵桂等（2020）申明“一带一路”倡议的提出“无疑为打破上述争论，实现发展中国家的长期诉求提供了可能。与以往不同的是，‘一带一路’倡议以全新的理念、务实的精神推动构建国际新秩序，使国际新秩序从空想变为现实”。王灵桂等进一步解释，“‘一带一路’倡议主张共商、共建、共享，共商意味着平等、包容，任何事情不能由一家说了算……共建意味着共同投入……同时通过互联互通，可以打造一个联通的世界，挖掘增长潜力，加快推动各国共同发展。共享意味着公平分享人类发展的成果，为此，就需要变革不平等的分配机制、交易机制”。他们还批评说，“几年来，‘一带一路’倡议引发世界范围的热议，西方国家担心‘一带一路’倡议会动摇传统西方社会建立的国际秩序，影响西方国家维持自身体系所依赖的工具和手段，害怕人们不再信奉其推崇的‘自由主义’观念”。

根据以往经验，王灵桂等指出，“没有大规模的基础设施投入，就不可能带来经济上的快速发展、高质量发展。广大发展中国家不缺发展的想法和思路，缺的是为促进经济发展而必不可少的基础设施，或者资金”。因此，王灵桂等强调，“‘一带一路’倡议不否认传统的发展道路，以增量的方式推动国际新秩序形成。西方发展道路已经历 400 多年的考验，其在推进人类文明进步方面作出了不可磨灭的贡献，就此而言，‘一带一路’倡议绝不是要改变有利于发展的理念或机制，而是要在现有的存量基础上做增量式的调整”。

3. 中国的关注

2018 年，由上海社会科学院世界经济研究所所长暨研究员权衡领导该所科研人员，撰写出版“‘一带一路’建设理论与实践研究丛书”，涵盖金融、贸易、投资、全球管理、大国合作等不同领域共 8 本书。

其中，由该所研究员胡晓鹏等著的《“一带一路”倡议与大国合作新发展》一书，剖析美国、澳大利亚、欧盟、俄罗斯、印度、日本等对“一带一路”在认识和实践上的反应，并以此提出针对性的建议和思路①。对此，胡晓

① 胡晓鹏，智艳，姜云，陈陶然：《“一带一路”倡议与大国合作新发展》（“‘一带一路’建设理论与实践研究丛书”），上海社会科学院出版社 2018 年版，总 163 页。

鹏、智艳、姜云、陈陶然（2018） 提出从“一带一路”倡议出发，中国关注的重点包括：美国方面——树立“共同事业”意识、打造示范工程、争取与“新丝绸之路”计划对接、妥善处理周边海洋争议、坚持市场机制主导、注重与其主导之国际机构合作[①]；澳大利亚方面——努力开拓合作新领域以作优势互补、重视企业作用、善用文化资源和文化沟通[②]；欧盟方面——积极开展与其政策对接、留意其政策确定性、注重其规则建设、建立对接过程中的监管机制、投资兼顾建设性贡献[③]；俄罗斯方面——善用上海合作组织平台、注重可行性分析及风险控制、在金融合作中力推人民币结算、看重与欧亚经济联盟及俄罗斯远东发展的金融合作机会、对其可能出现的战略转向作出准备[④]；印度方面——与其发展机制对接、与其建立多边主义的非正式磋商机制、强化“一带一路”经济内涵、重视彼此合作中的安全因素、继续处理好双边关系、力促发展孟中印缅经济走廊[⑤]；日本方面——善意表达合作意愿、加强在基建出口领域的合作、推动金融合作、扩大能源合作空间、加强经贸合作、强化海洋危机管控[⑥]。

上列种种关注，均涉及人际行为（interpersonal behaviour）的 3 个范畴：①互动性（interactive），例如对接、合作、互补；②务实性（pragmatic），例如沟通、示范、磋商、处理；③理解及评估性（understanding and evaluative），例如规则、监管、安全、文化。上列各范畴的行为，均亟须“一带一路”参与各国具备充裕而合适的人力资本，以作交流合作，始能成功。由此可见，教育作为投资于人力资本的主要活动，其在“一带一路”倡议中的重要性毋庸置疑。

① 胡晓鹏，智艳，姜云，陈陶然：《“一带一路”倡议与大国合作新发展》（“‘一带一路’建设理论与实践研究丛书”），上海社会科学院出版社 2018 年版，第 22-24 页。

② 胡晓鹏，智艳，姜云，陈陶然：《“一带一路”倡议与大国合作新发展》（“‘一带一路’建设理论与实践研究丛书”），上海社会科学院出版社 2018 年版，第 41-43 页。

③ 胡晓鹏，智艳，姜云，陈陶然：《“一带一路”倡议与大国合作新发展》（“‘一带一路’建设理论与实践研究丛书”），上海社会科学院出版社 2018 年版，第 71-72 页。

④ 胡晓鹏，智艳，姜云，陈陶然：《“一带一路”倡议与大国合作新发展》（“‘一带一路’建设理论与实践研究丛书”），上海社会科学院出版社 2018 年版，第 98-100 页。

⑤ 胡晓鹏，智艳，姜云，陈陶然：《“一带一路”倡议与大国合作新发展》（“‘一带一路’建设理论与实践研究丛书”），上海社会科学院出版社 2018 年版，第 124-129 页。

⑥ 胡晓鹏，智艳，姜云，陈陶然：《“一带一路”倡议与大国合作新发展》（“‘一带一路’建设理论与实践研究丛书”），上海社会科学院出版社 2018 年版，第 155-161 页。

4. 启示

基于上列不同智库的分析及讨论，教育可以在“一带一路”倡议中发挥哪一方面的正面积极作用？教育发展在有关国家的优次，彼此之间的教育交流、交换、合作怎样和如何进行，方为最优？

在国际、区域层面，增加通过学术论坛、研讨会、工作坊等教育活动对有关“一带一路”倡议的多角度、跨领域的理解、讨论和分析；鼓励“一带一路”国家提升高等教育院校教研合作，增进学生交换及海外升学；鼓励并落实教育培训及资历互认、各类各级人才流动、科研扩散转移等，以增强“一带一路”倡议在国际上的广泛认知度、理念分享和认同性。凡此种种，均值得进一步探究。

（二）中东欧及欧盟国家：政经高管人员的实证调查

刘作奎于 2015 年 6 月至 9 月进行了中国与国际首次就中欧在“一带一路”倡议背景下展开合作的问卷调查。问卷具体对占欧盟大多数的 25 个国家（中东欧国家占相当高比例）的精英，包括官员、智库、企业家和媒体记者，进行了问卷调查。该调查涵盖 70 多条相关重要问题，有效问卷 110 份。通过收集整理、编码、数据输入、形成统计数据库，进行基础统计分析[①]。本部分尝试从刘作奎对此问卷调查数据中对“一带一路”倡议面临的机遇和挑战的有关分析，找出具有教育含义之处，以作为“一带一路”倡议的参考。

对于中欧人文交流合作面临的主要问题，欧洲精英在问卷调查中，多于一半（54.5%）认为“人与人交流是长期问题，不可能短期取得成效”，超过四分之一（25.5%）认为是意识形态差异，余下约四分之一（23.6%）认为是其他问题。

至于中欧人文交流合作的具体问题和政策建议，欧洲精英在问卷调查中的响应，可分析如下。

1. 增强沟通，明确目标

欧洲精英表示，欧盟需要更多的信息，以了解“一带一路”项目的具体内容和目标。举例来说，在“一带一路”倡议开展合作投资的时候，他们希望倡议能提供多一些信息。例如，欧洲能够参与的具体项目、合作会带来什么样的收益（问卷 9，10，18），以及在整体目标方面作出更多关于跨文化交

① 刘作奎：《欧洲和“一带一路”倡议：回应与风险》，中国社会科学出版社 2015 年版，第 1–10 页。

流和公共教育的工作（问卷 48）。

2. 提升认知

在问卷数据中，欧洲精英亦表达中国方面需总体上提升并影响欧洲公众对“一带一路”倡议的认知，其中包括提供适度和有可靠资助的新机构（如欧洲的非政府组织），以便与孔子学院相比更能发挥积极作用（问卷 4）。

3. 多元交流

欧洲精英提出多项有关交流的观察和建议：让多个层面的专家，例如经济学家、政治学家，参与交流（问卷 4）；举办各种会议和人际（特别是专家间）交流会（问卷 18）；建立多渠道的信息交流机制，进行深度和透明的合作，对双方成功案例进行分享（问卷 23）；建立研究机构和智库共同体，为“一带一路”倡议出谋献策（问卷 19）；增加人际自下而上的倡议，并对中小企业合作给予充分的资助和鼓励（问卷 23）；通过人际交流的加强，找出中欧在倡议中的共同兴趣（问卷 40）；对人文交流的不同理解，可能造成双方对彼此有不现实的期待，并可能对双方合作产生严重不利的影响（问卷 80）；成立各种领域的专业性协会，纳入中欧双方专家，例如后勤或物流专家委员会，为“一带一路”倡议提出建议（问卷 85）。

4. 理解区域差异

中方应努力提升对区域内和区域间差异的了解，且更要强调遵守欧盟标准的做法（问卷 48）。

5. 金融合作

中方应努力通过低息贷款，在欧盟、俄罗斯和中国之间融资方面建立伙伴关系（问卷 48）。

四、讨论

在经济学上，要素禀赋结构可分为土地（land）、资本（capital）、劳动力（labour）和创业精神（entrepreneurship）。土地（land）是指蕴藏于大自然——包括天空、陆地、海洋——未经萃取提炼的自然资源（如矿藏、渔藏、森林等贮藏于地球甚至是宇宙中的原始物藏）。资本（capital）是指可以提升生产力的物品，包括经提炼的原料、部件、物料、半制成品、机器等物质资本（physical capital）和信贷、资金等金融资本（money capital）。劳动力（labour）是指人类参与工作时所发挥的力量，可以是以劳动力为主在工作岗位作出贡献，但也可以是辅之以甚至是大部分以知识、技术和工作经验为主在工作岗位作出贡献。前者可以称为劳动力工人，后者可以称为人力资本（human capital）——是可以通过接受教育及培训的投资和积累活动而形成的。劳动力工人和人力资本是概念上的两个极端，通常一名工人（worker）会兼具两者，只是两者程度多少不同而已。

无可置疑，“一带一路”沿线60多个国家的经济发展状况存在差异。每一个国家，都有自己独特的要素禀赋（factor endowment）结构。有些国家其要素禀赋结构中资本和人力资本比较丰裕，属于其比较优势；有些国家其要素禀赋结构中劳动力和自然资源（土地）比较丰裕，属于其比较优势。但是，沿线参与国无论是属于前者还是后者，均需要彼此（比较）优势互补，长期稳定发展，成果共享。具体来说，就是以劳动力和自然资源为要素的生产活动，必须与以现代先进的资本（机械、仪器等）和人力资本（科技、知识、工作经验）为要素的生产活动相互结合，以进一步提升彼此的整体经济实力。其中，教育作为人力资本的重要投资，肯定是“一带一路”倡议沿线国家的经济合作伙伴关系的重要成功要素。

上述第二部分及第三部分，分别从理论及实际层面分析了“一带一路”沿线及其他国家的教育与经济发展的相互关系。在理论方面，本书主要从新结构经济学学说和角度去探讨；在现实方面，本书分别从“一带一路”倡议有关国家（包括中国）的智库报告、关注和讨论，以及从欧盟国家社会精英的问卷调查去探讨。基于此两方面的分析和讨论，尝试找出其与教育的关联和含义。在此讨论如下。

（一）教育内容

1. 多元文化教育

一个多角度、多样性、跨区域的多元文化教育，特别是学习对跨国间不同文化价值观的认知、尊重和包容，应有助于消除“一带一路”倡议沿线有关国家对倡议的疑虑、误解，促进彼此之间对倡议的投入、支持和合作，亦有助于孕育对倡议长远发展的正面积极期望和态度。

2. 人文主义教育

批判性思维、独立性思考、跨学科知识、国际化视野、高度社会责任感、对国家的认同、对他人的关怀、对个人素质的培育、对弱势群体的同理心等都是以人为本的教育素质，为跨国、跨文化、跨区域的“一带一路”交流合作的不可或缺的元素。

3. 科技创新教育

在“一带一路”上各国生产活动的比较优势虽各有不同，但在自由贸易、全球化的互通有无之下，成功的产品及服务均注重质量、品牌、卓越等要素，而这些要素长远来说都依赖工人接受良好的科技教育和培训，以具备现代高端、创新的科技知识，以应用在工作岗位中。Sala-i-Martin 等提出一国的竞争力是创新力驱动（innovation-driven）的；但他认为大部分的创新力是由工人及一般人等发展出来的，而并非主要来自大学研究中心或创新中心。对欠发达国家来说，提升竞争力的最大挑战来自如何发展该国更利营商环境的制度——其中包括解决难题的能力、企业精神、现存科技应用——以实现工商业更强的操作灵活性和更高的消费匹配。因此，他进一步认为创新力是与生产的思维、产品、过程和策略紧密相连的[①]。据此，良好的科技创新教育与纯粹的科学研究相比，对欠发达国家来说更是一项具体优化生产要素禀赋结构的有效选项。

4. 通才教育

良好的语言能力、沟通技巧、交流思维，对“一带一路”各国彼此之间对倡议的理解、交流、沟通、建设尤为重要，是倡议成功开展和长期发展的基石。

5. 高等教育

前沿的知识突破、优秀的知识传递、卓越无私的社会服务贡献，以至高等教育的普及、引领科技迈进及知识转移、融合及促进人文主义及多元文化、跨国及跨文化的学术交流与合作，都是“一带一路”倡议沿线国家所需发展的大学与专门教育，以便既贴近其本国（特别是欠发达国家）发展现实，亦有助促进“一带一路”倡议参与各国之间相互的长远发展。

（二）教育政策

要实现上述教育内容和要素，下列一些教育政策值得在“一带一路”倡

① Sala-i-Martin，Xavier，“A Note on the Economic Performance of Territories”，*Strategic Change*，Vol.25，No.2，2016.

议下考虑和重视。

（1）教育普及（内生因素）。基础教育的机会要提升、普及以致平等，才能更充足地、更好地提供此等国家所需的劳动力和人力资本，从而在内生因素范畴内促进此等国家要素禀赋的结构升级，更具实力地参与“一带一路”倡议下的项目合作。

（2）教育交流合作（外生因素）。“一带一路”沿线国家之间多方位、多渠道、多模式、多课题、多层次的学习交流、科研合作、学术论坛、工作坊、海外升学、外语学习、知识转移等教育活动，值得在平等互利的基础上增强，从而在外生因素范畴内改善及提升“一带一路”各参与国的人力资本要素，亦即间接促进此等国家要素禀赋的结构升级。

（3）教育要素（内生与外生因素相互作用）。“一带一路”沿线国家在改善及提升教育成效（如升学率、就读率、教育选择等）、教育表现（如语言、数学、科学、合作、创新、多元文化、批判思考等能力）等内生因素方面，可以通过国家之间教育交流合作（见（2））进一步促进和落实。具体而言，教育管理、教育行政、教育财政、学生辅导、特殊教育、科技教育、课程发展、学习评核等范畴，都是“一带一路”沿线国家所需学习的。

五、结论

本书尝试通过理论及实践两层面去分析“一带一路”倡议下参与国的经济和教育发展的关系，主要是前者对后者的需求，即教育内容及教育政策，以配合“一带一路”倡议的发展。

“一带一路”倡议要能成功开展并能长远发展下去，最关键是如何令“一带一路”沿线国家的生产要素禀赋结构升级，使其经济发展不再受限于固有的生产要素禀赋结构——通常都是劳动力和自然资源富裕，而人力资本和资本贫乏——得以摆脱此局限而发展起来。而人力资本的增加和积累，会是解决此关键问题的重心，因为物质资本和金融资本即使增加或从外部引入，仍需更多及更好的人力资本去配合才能有效运用。要增加人力资本的投资和积累，教育是最主要的活动。从此理论思路出发，本书参考并分析了有关国家（包括中国）智库和欧盟一些精英对“一带一路”倡议的想法的实证研究，找出此等研究揭示的四项教育内容，即多元文化教育、人文教育、科技教育和通才教育，以及两项教育政策，即教育普及、教育交流合作，对开展及发展“一带一路”倡议的重要性。

诚然，金融资本亦像人力资本，对“一带一路”倡议沿线国家经济发展应起着一定的重要作用。同时，若金融资本和人力资本相互作用（interact）起来，其产生的相应作用亦应重要。再者，高等教育可以如何引领金融资本和人力资本二者及其彼此之间的相互作用，亦值得探索。

第二章　中国与"一带一路"沿线国家基础教育发展比较研究

倪奥华（香港中文大学教育行政与政策学系　博士研究生）
张志强（香港中文大学教育行政与政策学系　教授）
孔繁盛（香港中文大学教育行政与政策学系　客座助理教授）

2013年，中国国家主席习近平正式宣布启动"一带一路"项目。中国提议重建有2 000年历史的丝绸之路，旨在通过陆地和海上两条经济带连接中亚、南亚、东南亚和中欧。在"一带一路"倡议中，经济和教育是最重要的两个考虑因素。虽然"一带一路"把经济和基础设施发展作为首要目标，但教育同样也是这一倡议的优先考虑事项并在其中发挥了指导性作用。2016年，教育部发布的"一带一路"教育行动计划指出，"一带一路"的一大基本作用是"为沿线国家和地区提供更大的、更开放的，进一步交流和深化教育一体化的巨大机会"①。人力资本在当今全球竞争中起着至关重要的作用。中国在"一带一路"沿线加大教育投资与合作，可以培养人才、扩大人与人之间的交流，这不仅有助于为沿线国家经济发展带来先进的知识、技能和技术，而且还能为"一带一路"举措的成功提供人才支持。"一带一路"沿线国家在教育领域的合作交流，将不断加强互利合作，为中国教育改革和发展提供强有力的刺激。我们需要了解"一带一路"沿线其他国家的教育发展状况，来寻求和这些国家更好地进行合作与交流的机会，从而促进沿线各国教育的共同发展。

当前针对中国和"一带一路"沿线国家的比较教育研究主要集中在高等教育领域。由于"一带一路"沿线国家和地区众多，其经济发展水平与教育

---

① Helen Chin and Winnie He:The Belt and Road Initiative: 65 Countries and Beyond(https://www.fbicgroup.com/sites/default/files/B%26R_Initiative_65_Countries_and_Beyond.pdf)

发展水平存在较大差异。截至2020年1月底，中国已经同138个国家和30个国际组织签署了200份共建“一带一路”合作文件①。本章将基于世界银行和联合国教科文组织提供的相关数据资料，对中国和其中64个“一带一路”主要沿线国家2010年至2015年的基础教育发展状况进行比较分析；并以其为参照系，对中国基础教育在主要沿线国家中的相对发展水平进行分析。期望在此基础上，提出中国进一步推进基础教育发展的政策性建议。采用基于数据的量化分析方法，本章拟回答以下研究问题：①“一带一路”沿线国家基础教育发展的综合情况及各项基础指标处于何种发展水平？②与“一带一路”沿线国家相比，中国基础教育的发展状况如何？③中国能否从“一带一路”沿线国家基础教育的发展态势中得到经验启示？中国与64个“一带一路”主要沿线国家见表2-1。

表2-1 中国与65个“一带一路”主要沿线国家

地区	国家及数量
东亚	中国、蒙古（2）
东南亚	文莱、柬埔寨、印度尼西亚、老挝、马来西亚、缅甸、菲律宾、新加坡、泰国、越南（10）
南亚	阿富汗、孟加拉国、不丹、印度、马尔代夫、尼泊尔、巴基斯坦、斯里兰卡、伊朗（9）
中亚	哈萨克斯坦、吉尔吉斯斯坦、塔吉克斯坦、土库曼斯坦、乌兹别克斯坦（5）
西亚	伊拉克、以色列、约旦、科威特、阿曼、巴勒斯坦、卡塔尔、沙特阿拉伯、巴林、土耳其、也门、黎巴嫩、阿拉伯联合酋长国、叙利亚、格鲁吉亚（15）
非洲	埃及（1）
中东欧	俄罗斯、波兰、罗马尼亚、塞尔维亚、斯洛文尼亚、斯洛伐克、黑山、拉脱维亚、立陶宛、北马其顿、匈牙利、爱沙尼亚、希腊、克罗地亚、塞浦路斯、捷克共和国、波斯尼亚和黑塞哥维那、保加利亚、阿尔巴尼亚、亚美尼亚、阿塞拜疆、白俄罗斯、摩尔多瓦、乌克兰（24）

资料来源：人民网《“一带一路”沿线65个国家和地区名单及概况》

一、基础教育发展水平比较研究框架的建立

参考世界银行、世界经济合作与发展组织等采用的教育统计指标，本章

① 中国食品土畜进出口商会，http://www.cccfna.org.cn/article/%E8%B0%83%E7%A0%94%E5%88%86%E6%9E%90/31107.html.

从教育机会、教育投入、教育质量和教育产出 4 个维度建立了“一带一路”沿线国家基础教育发展水平研究框架。如表 2-2 所示，本章以上述 4 种维度、5 类一级指标、9 项二级指标为分析框架。

基础教育净入学率是指接受基础教育的在校学龄人口数与校内外学龄人口数的比值。教育经费总支出占国内生产总值（GDP）比例一般是指国家财政性教育经费总支出占当年 GDP 的比例。政府的经费支出是衡量一国对教育重视程度的重要指标，国际上一般将 4% 作为一个基础衡量标准。教育投入占政府财政性总支出的比例一般用来衡量国家财政性教育投入占政府财政总开支的比例。将各国公共教育经费占 GDP 的比例和占公共财政支出的比例结合起来考虑，更能较为全面地反映各国政府教育投入的状况和水平。师资队伍建设的 4 个指标包括：教师数量，是指每一个教育阶段男性和女性教师总人数；合格教师比例，是指每一个教育阶段有资质的教师人数占教师总人数的比例；生师比，是指某学年内某级教育中每位专任教师平均所教的学生数（《中国教育监测与评价统计指标体系（2020 年版）》）；教师薪资，在本章中采用的是每一个教育阶段教师的年平均起薪。基础教育毛毕业率指的是完成某一教育阶段的学生人数占学生总人数的比例。平均受教育年限指的是 15 岁以上人口接受学历教育的年数总和的平均数。平均受教育年限是衡量一国人力资本指数和教育现代化进程的一项重要指标。

表 2-2　基础教育发展水平比较研究框架

维度	一级指标	二级指标
教育机会	报名率	不同教育阶段的净入学率
教育投入	教育经费	教育经费总支出占 GDP 比例 教育投入占政府财政性总支出比例
教育质量	师资队伍	教师数量
		合格教师比例
		教师薪资
		生师比
教育产出	毕业率	不同教育阶段的毛毕业率
	教育年限	平均受教育年限（15 岁以上）

二、中国与“一带一路”沿线国家基础教育发展比较①

（一）2010—2015年“一带一路”沿线国家的基础教育净入学率均有不同程度提高，但教育阶段间、区域间和国别间差异较大，中国处于中上水平

2010—2015年，“一带一路”沿线国家大多致力于提高本国基础教育普及程度，各国各教育阶段的净入学率均有不同程度的增长。根据世界银行和联合国教科文组织的已知资料，学前教育阶段，42个国家的平均入学率从2010年的50.6%增长到2015年的55.8%；小学教育阶段，49个国家的平均入学率从2010年的92.2%增长到2015年的92.6%；中学教育阶段，34个国家的平均入学率从2010年的78.4%增长到2015年的81.8%。总体来说，“一带一路”沿线国家小学教育普及程度较好；学前教育的平均净入学率最低，但增长速度最快；普及程度较高的国家则多属于欧洲地区。根据中国教育部统计资料，2015年中国小学平均净入学率达到了99.8%，说明中国小学阶段的教育普及程度在主要沿线国家中处于中上水平。同时，对比分析表明，“一带一路”沿线国家的基础教育普及程度差异较大。具体表现为如下3个方面。

1.“一带一路”沿线国家不同教育阶段的教育普及程度差异较大

总体来看，“一带一路”沿线国家小学教育普及程度较好。“一带一路”沿线国家2010年的小学平均入学率为92.2%，2015年增长到92.6%，增长幅度并不明显。这说明“一带一路”沿线国家已经基本实现了小学教育的全民普及。但是“一带一路”沿线国家的学前教育和中学教育还存在较大的发展空间。学前教育的平均净入学率最低，但增长速度最快。2010年，“一带一路”沿线国家的学前教育净入学率只有50.6%，而到了2015年，“一带一路”沿线国家的学前教育净入学率已经达到了55.8%。尽管增速喜人，但由于学前教育的发展基础最为薄弱，55.8%的学前教育净入学率值还是远远低于小学和中学教育的高净入学率值。

2.“一带一路”沿线国家在基础教育发展水平上，区域和国别间差异较大

小学教育阶段，区域和国别差异并不显著（F=0.761，P=0.604）。从2015年的净入学率来看，44个沿线国家的小学净入学率都在90%以上，只有巴基

---

① 资料来源：根据世界银行和联合国教科文组织提供的数据加工计算而成。为保证数据的丰富性，部分缺失年份的数据用可获得的其前后3年的数据进行替代使用。

斯坦和叙利亚两个国家的小学净入学率在 80% 以下。

学前教育阶段的区域和国别差异较为显著（$F = 2.99$，$P = 0.022$）。从 2015 年的净入学率来看，只有 3 个国家，即以色列、白俄罗斯和马尔代夫的学前教育净入学率在 90% 以上，包括蒙古、菲律宾、马来西亚、黎巴嫩、俄罗斯等在内的 18 个国家在 60%~90% 之间，然而柬埔寨、塔吉克斯坦、沙特阿拉伯、叙利亚、也门和阿塞拜疆 6 个国家的净入学率低于 20%。除国别差异之外，学前教育的普及程度也存在着较大的区域差异。欧洲地区整体普及率相当高，16 个欧洲国家的学前教育净入学率均在 60% 以上，其中 8 个欧洲国家高于 80%。中亚地区的学前教育发展较为落后，整体净入学率为 28.8%，其中塔吉克斯坦只有 8.2%，是所有沿线国家中学前教育净入学率最低的国家。西亚和东南亚整体发展水平表现一般，但区域内部差异较为显著。比如，西亚国家中，以色列拥有所有沿线国家中的最高学前教育净入学率 99.5%，但沙特阿拉伯的学前教育净入学率却只有 15.8%。

中学教育阶段的区域和国别差异也比较显著（$F = 13.239$，$P = 0.000$）。从 2015 年的净入学率来看，欧洲和中亚地区的中学教育净入学率较高，整体在 80% 以上。大多数高净入学率国家，比如哈萨克斯坦（98.2%）、波兰（91.7%）、克罗地亚（91.8%）和白俄罗斯（97.9%）等都集中在这两个区域。南亚地区的中学教育净入学率低于 60%，如阿富汗和孟加拉国的中学教育净入学率仅为 47.4% 和 57.1%。

3. “一带一路”沿线国家的基础教育发展进程存在较大差异

基础教育增幅微弱。从 2010 年到 2015 年的发展趋势来看，大部分国家的小学净入学率增幅都在 0%~5% 之间，增幅最大的国家为阿塞拜疆（9.7%）。少数国家如叙利亚、黎巴嫩、巴林、印度尼西亚等出现了负增长，但除叙利亚之外的其他国家负增长幅度都不明显。中学教育增幅缓慢，从 2010—2015 年的净入学率发展趋势来看，仅有也门、印度尼西亚、老挝、不丹和孟加拉国等 5 个国家的中学教育净入学率增幅高于 10%。欧洲和西亚地区增幅微弱甚至出现轻微负增长。学前教育增长速度最快，从 2010—2015 年的净入学率发展趋势来看，增幅在 20% 以上的有蒙古和黑山 2 个国家，增幅在 10%~20% 的有马来西亚、俄罗斯等 10 个国家。科威特、叙利亚、黎巴嫩、希腊、匈牙利、克罗地亚和阿塞拜疆等 7 个国家出现了负增长，但除希腊之外的其他国家负增长幅度都不明显。

（二）多数沿线国家教育投入占经济总量的比重不高但均呈递增趋势，中国处于中等偏高水平

教育投入主要指教育资金来源，在这里主要指国家财政性教育经费总支出占 GDP 的比例和财政性教育投入占政府财政性总支出比例两个指标。教育经费总支出占 GDP 的比重标志着政府对教育发展的重视程度。根据已知资料，从 2010 年到 2015 年，“一带一路”沿线国家教育经费总支出占 GDP 的比重从 3.98% 增长到 4.2%。整体而言，虽然多数沿线国家教育经费总支出占 GDP 的比重不高，但呈现出缓慢递增趋势。在“一带一路”沿线国家中，教育经费总支出占 GDP 比例前 3 位的国家是不丹、摩尔多瓦和也门，在 2015 年分别达到了 7.4%、6.7% 和 6.2%。教育经费总支出占 GDP 比例最低的 3 个国家分别是柬埔寨、斯里兰卡和孟加拉国，均低于 3%。中国 2015 年的教育经费总支出占 GDP 比例为 4.3%，高于世界平均水平。根据图 2-1 可以看出，2010 年到 2015 年间，多数“一带一路”沿线国家教育经费总支出占 GDP 的比例均低于 5%。从区域上看，欧洲和中亚地区教育经费总支出占 GDP 比例普遍较高，接近甚至超过 5%；南亚地区教育经费总支出占 GDP 比例普遍较低；东南亚区域性差异较大，既存在着占比较高的国家如马来西亚，也存在着占比最低的国家如柬埔寨。从发展趋势上看，沿线国家的教育经费总支出占 GDP 的增长幅度存在明显差异。2010 年到 2015 年，教育经费总支出占 GDP 比例增幅前 3 位的国家分别是不丹（3.4%）、老挝（2.2%）和印度尼西亚（2.2%）。中国的增幅偏高，为 0.6%，说明中国政府在这期间对教育的重视度不断提高。东南亚、南亚和中亚呈现出较为明显的增长趋势，而欧洲和西亚地区教育经费总支出占 GDP 比例则开始出现负增长。

财政性教育投入占政府总开支的比例标志着政府财政在教育发展中发挥的作用。以资料相对完整的 2015 年来看，按照财政性教育投入占政府总开支的比例，可以将“一带一路”沿线国家分为三类。只有印度尼西亚和不丹两个国家的财政性教育投入占政府总开支的比例高于 20%，大多数国家比例都在 10% 到 20% 之间。中国财政性教育投入占政府总开支的比例为 14.3%，在“一带一路”沿线国家中处于中等偏高水平，这反映了中国坚持把教育摆在优先发展的战略地位，财政资金优先保障教育投入。2015 年“一带一路”沿线国家财政性教育投入占政府总开支比例见表 2-3。

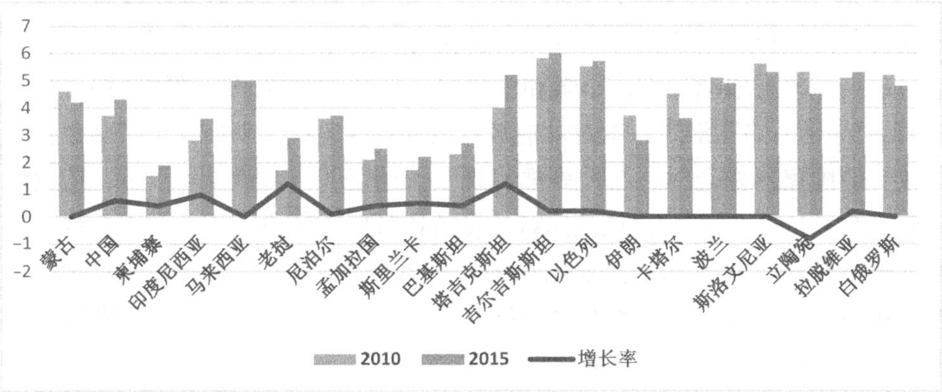

图 2-1　2010 年和 2015 年"一带一路"沿线国家教育经费总支出占 GDP 比例（%）

资料来源：根据世界银行和联合国教科文组织提供的数据加工计算而成

表 2-3　2015 年"一带一路"沿线国家财政性教育投入占政府总开支比例

类别	国家
第一类（比重在 10%以下）	柬埔寨（9.1%）、巴林（7.3%）、罗马尼亚（9.2%）、塞尔维亚（9.2%）、捷克（9.5%）、阿塞拜疆（7.6%）
第二类（比重在 10%~20% 之间）	中国（14.3%）、蒙古（12.4%）、老挝（12.2%）、马来西亚（19.8%）、孟加拉国（18.1%）、阿富汗（12.5%）、巴基斯坦（13.2%）、哈萨克斯坦（12.2%）、以色列（14.3%）、卡塔尔（12.7%）、拉脱维亚（14%）、白俄罗斯（11%）、立陶宛（13.2%）、波兰（11.6%）
第三类（比重在 20%以上）	印度尼西亚（20.6%）、不丹（25.5%）

资料来源：同图 2-1

（三）"一带一路"沿线国家的各教育阶段的教师数量均在不断增长，但生师比地区和国别间差异较大，中国教师队伍规模处于首位，中国教师薪资不断提升

总体来看，"一带一路"沿线国家各教育阶段教师数量呈现显著性增长。学前教育阶段，39 个国家的平均教师数量从 2010 年的 59 973 人增长到 2015 年的 94 392 人，增长幅度为 57.4%；小学教育阶段，47 个国家的平均教师数量从 2010 年的 323 125 人增长到 2015 年的 342 051 人，增长幅度为 5.9%；

中学教育阶段，31个国家的平均教师数量从2010年的470 737人增长到2015年的487 603人，增长幅度为3.6%。虽然沿线国家各教育阶段教师数量呈现显著性增长，但各教育阶段之间存在着明显差异。学前教育阶段的教师数量最少但数量增幅最大，小学和中学阶段教师数量较多但增幅缓慢。数据表明，“一带一路”沿线各国对学前教育发展较为重视。学前教育教师总体数量较少的国家，如老挝、巴林等都实现了快速增长。如表2-4所示，从发展趋势上看，“一带一路”沿线国家各教育阶段教师数量也呈现区域差异性。在学前教育阶段，东亚和东南亚国家的教师数量增幅最为明显，都在40%以上。在小学教育阶段，在各国教师数量整体增长缓慢的态势下，个别国家的教师队伍出现波动式增长，甚至出现减少的趋势，如乌兹别克斯坦。在中学教育阶段，欧洲地区的中学教师数量普遍开始出现负增长，而东南亚和西亚地区则增长态势良好。随着教师数量的增长，各教育阶段有资质的教师比例也在逐步提高。2015年数据显示，小学和中学教育阶段，所有地区有资质的教师比例都在90%以上；而在学前教育阶段，这一比例也稳定在80%以上。中国作为人口大国，与“一带一路”沿线其他国家相比，是教师规模最大的国家。同时，5年间，中国学前教师队伍增幅为74%，在“一带一路”主要沿线国家中处于较快发展水平，这充分反映了中国政府对学前教育的重视度显著提升。

表2-4 2010年和2015年“一带一路”沿线国家各教育阶段教师数量及增长情况

年份	中国	蒙古	印度尼西亚	老挝	乌兹别克斯坦	黎巴嫩	巴林	科威特	波兰	斯洛伐克	斯洛文尼亚
学前教育阶段教师数量											
2010	1 285 800	4 651	303 318	5 895	56 476	10 144	1 730	7 069	72 130	11 645	5 699
2015	2 235 731	6 833	512 830	10 210	58 349	14 313	2 374	8 944	91 024	13 016	6 648
增长率	74%	47%	69%	73%	3%	41%	37%	27%	26%	12%	17%
小学教育阶段教师数量											
2010	5 939 088	9 059	1 615 479	33 576	124 685	32 112	7 679	25 983	215 813	13 875	6 401
2015	5 933 119	9 241	2 106 887	36 069	110 677	39 967	9 303	30 635	219 826	14 182	6 836
增长率	0%	2%	30%	7%	−11%	24%	21%	18%	2%	2%	7%

续表

年份	中国	蒙古	印度尼西亚	老挝	乌兹别克斯坦	黎巴嫩	巴林	科威特	波兰	斯洛伐克	斯洛文尼亚
中学教育阶段教师数量											
2010	6 431 127	19 043	1 407 035	24 652	329 168	42 387	7 184	7 881	305 993	45 438	15 047
2015	6 219 580	21 753	1 674 317	36 260	374 585	50 049	9 582	9 770	273 481	40 712	14 036
增长率	-3%	14%	19%	47%	14%	18%	33%	24%	-11%	-10%	-7%

资料来源：同图 2-1

教师薪酬是衡量教师工作条件的一项重要指标，在很大程度上能够影响教师的工作积极性、学校的管理效率，甚至学生的学习成就[①]。根据 2010 年的可得数据，我们整理了“一带一路”沿线国家各教育阶段的教师年平均起薪情况。对比分析表明，“一带一路”沿线国家各教育阶段之间的教师起薪差异并不明显。对于多数国家而言，教师起薪伴随着教育阶段的提升微微上升，但数值差异并不明显。但是“一带一路”沿线国家基础教育阶段教师起薪国别差异较大。以小学教师为例，印度尼西亚的小学教师年平均起薪只有 1 638 美元；而对于经济较为发达的绝大多数欧洲国家而言，其小学教师的年平均起薪都达到了 1 万美元，土耳其、希腊和斯洛文尼亚甚至达到了年平均起薪 2 万美元。2010 年，中国的全国教师年平均薪酬只有 5 928 美元[②]，仅高于印度尼西亚的教师起薪。但是，2016 年，中国的教师年平均薪酬已从 5 928 美元增长到了 11 540 美元，6 年间增幅达到了 94.7%。根据中国国家统计局最新数据，2018 年全国公办教师平均工资 9.23 万元，折合约 13 745 美元。近年来中国教师待遇呈现了稳定增长的趋势，整体来看，教师待遇得到不断提升，在“一带一路”主要沿线国家中处于中等水平。这说明虽然中国教师薪酬待遇起步较低，但中国政府在不断推动教师队伍建设进展、提高教师待遇，并且取得了良好成效。2010 年“一带一路”沿线国家各教育阶段教师年平均起薪（美元）如图 2-2 所示。

① Linda Darling-Hammond, “Keeping Good Teachers: Why It Matters, What Leaders Can Do,” *Educational Leadership*, Vol. 60, No. 8, 2003.

② 2010 年中国全国教师年平均薪酬为 3.98 万元，折算约合 5 928 美元。2016 年全国教师年平均薪酬为 7.75 万元，折算约合 11 540 美元。(http://www.moe.gov.cn/jyb_xwfb/xw_fbh/moe_2069/xwfbh_2017n/xwfb_20170901/sfcl_20170901/201709/t20170901_312866.html).

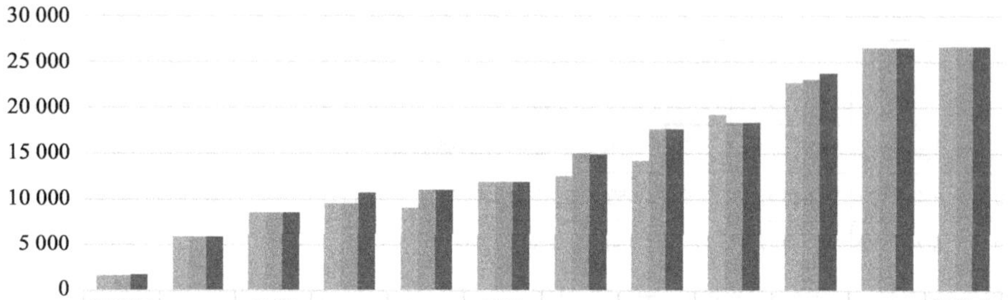

	印度尼西亚	中国	拉脱维亚	波兰	斯洛伐克	爱沙尼亚	捷克	以色列	立陶宛	土耳其	希腊	斯洛文尼亚
学前	1 638	5 928	8 555	9 526	9 033	11 876	12 578	14 205	19 218	22 740	26 583	26 690
小学	1 638	5 928	8 555	9 526	11 028	11 876	15 036	17 646	18 369	23 130	26 583	26 690
中学	1 745	5 928	8 555	10 725	11 028	11 876	14 916	17 646	18 369	23 780	26 583	26 690

■学前 ■小学 ■中学

图 2-2　2010 年“一带一路”沿线国家各教育阶段教师年平均起薪（美元）

资料来源：同图 2-1

生师比是影响教育质量的关键因素。生师比既是测算学校师资需求量的数量指标，也是反映学校人力资源利用效率的重要指标。生师比指标数越高，表明每位教师平均所教的学生数越多；反之，生师比指标数越低，表明每位教师平均所教的学生数越少，更有助于取得较好的教育效果。2010 年到 2015 年间，“一带一路”沿线国家中，生师比的增减情况不一且各国各区域之间呈现出较大的差异。从可得的 2015 年的数据看，在学前教育阶段，蒙古、柬埔寨、缅甸、菲律宾、也门、沙特阿拉伯和埃及 7 个国家的生师比超过 25：1，波兰、卡塔尔、立陶宛、印度尼西亚等 22 个国家的生师比低于 15：1。从区域来看，学前教育阶段的生师比存在显著差异性（$P=0.00$）。欧洲和中亚的生师比最低，为 12：1；非洲、东亚和东南亚的生师比都超过了 20：1。从 2010 年至 2015 年，绝大多数国家的生师比在逐年降低，其中马尔代夫、尼泊尔、中国、塞浦路斯等国的降幅较为明显，而柬埔寨、缅甸、沙特阿拉伯等国的生师比反而有所上升。在小学教育阶段，2010 年和 2015 年生师比的世界平均水平均为 19：1 左右，5 年来的比例变化不大。根据可获得的 2015 年数据，“一带一路”国家中生师比高于世界平均水平的国家有蒙古、柬埔寨、老挝、菲律宾、印度、阿富汗、孟加拉国、巴基斯坦和伊朗等国，主要集中在东南亚和南亚地区，表现出了显著的区域差异性（$P=0.000$）。其中，南亚诸国的生师比最高，为 31∶1；中东和东欧国家的生师比则普遍低于世界平均水平，约为 15∶1，其相对较高的经济发展水平，可能客观上推动了教育质量的提升。相比于学前教育（25∶1）和小学教育（19∶1）阶段，“一带一路”主要沿线国家的中学生师比最低（14∶1），反映出各国中学教师的配置较为充足。除东南亚（20∶1）和南亚（25∶1）以外，其他地区的中学生师比均低于 15∶1。2015 年，中国的中学生师比为 14∶1，持平于世界平均水平，有待进一步改善。中国学前阶段和小学阶段的生师比分别为 19∶1 和 17∶1，整体比例略高于世界平均水平，但 5 年间一直保持着较快的下降趋势，各教育阶段的生师比例在不断得到改善。

（四）2010—2015 年“一带一路”沿线国家基本实现了小学教育普及，但学前教育和中学教育阶段的毛毕业率仍存在较大的区域和国别差异，中国处于较高水平

2015 年的小学净入学率（92.6%）表明“一带一路”沿线国家已经基本实现了小学教育的全民普及。2015 年的小学毛毕业率也从 2010 年的 90.0% 增长到了 93.6%。几乎所有沿线国家均表现出较高的小学完成程度且并没有表现出明显的区域差异（$P=0.686$）。值得注意的是阿富汗、巴基斯坦和也门这 3 个国家的小学毕业率低于 60%，这可能可以归因于当地的战乱影响。对于中学教育而言，“一带一路”沿线国家的初中和高中毕业率则显著低于小学毕业率且表现出了明显的区域和国别差异。与“一带一路”沿线国家相比，中国的基础教育完成程度处于较高水平。教育部统计数据显示，2019 年中国小学升初中升学率已达到 99.5%，初中升高中升学率也已超过 95%，中国已基本完成《国家中长期教育改革和发展规划纲要（2010—2020 年）》的目标，普及了高中阶段教育并实现了 95% 的九年义务教育在校生巩固率。

“一带一路”沿线国家均表现出较高的小学完成程度，然而，初中平均毛毕业率仅从 2010 年的 81.0% 增长到了 2015 年的 84.0%，初中学业完成程度还是明显低于小学学业完成程度。从 2015 年的毛毕业率来看，包括中国、蒙古、文莱、斯里兰卡、哈萨克斯坦、以色列、俄罗斯等国在内的 30 个国家的初中毛毕业率高于 90%，然而柬埔寨、印度、阿富汗、约旦、也门和黎巴嫩 6 个国家的初中毛毕业率低于 50%。除国别差异之外，初中学业完成程度也存在着较大的区域差异（$F=30.75$，$P=0.004$）。东亚、中亚和中东欧地区的初中毛毕业率均在95%以上。南亚地区的初中教育完成程度较为落后，整体毕业率为70.6%；其中阿富汗只有35.5%，是所有沿线国家中初中毛毕业率最低的国家。东南亚和西亚整体发展水平表现一般，但区域内部差异仍然比较明显。比如，西亚国家中，以色列、伊朗、也门、巴林和阿拉伯联合酋长国5个国家的初中毕业率均在85%以上，而也门和约旦却分别只有44.1%和48.8%的毕业率。2015年“一带一路”沿线国家各教育阶段学业完成程度（毛毕业率%）如图2-3所示。

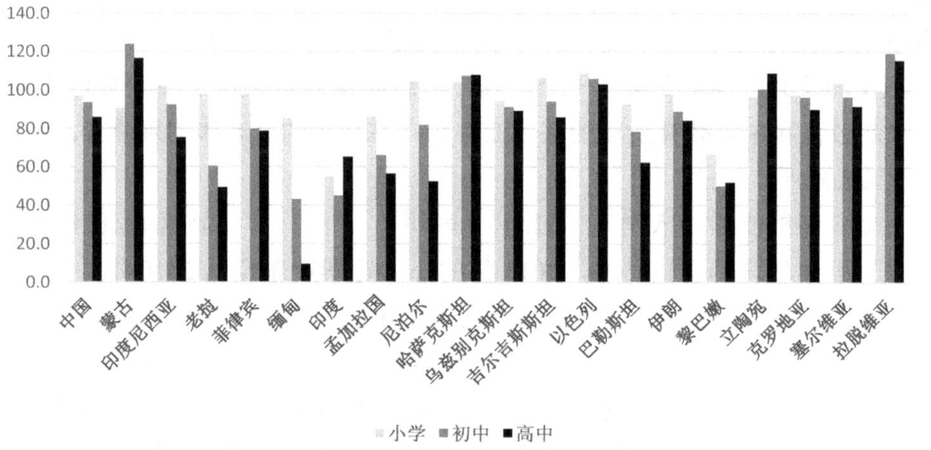

图2-3　2015年“一带一路”沿线国家各教育阶段学业完成程度（毛毕业率，%）

资料来源：同图2-1

随着教育阶段的提高，教育完成程度也呈现出下降趋势。2015年“一带一路”沿线国家的高中毛毕业率只有85.0%，低于小学和初中的教育完成率。高中阶段教育完成率的区域和国别差异也比较显著（$F=3.52$，$P=0.006$）。从2015年的毛毕业率来看，欧洲、东亚、中亚和西亚地区的高中毕业率较高，整体在85%以上。大多数高毛毕业率国家，尤其集中在中东欧区域，比如俄罗斯（115.4%）、波兰（113.1%）、拉脱维亚（115.6%）和白俄罗斯（116.0%）等。南亚地区的高中教育毛毕业率最低，仅为60.9%，其中如阿富汗和巴基斯坦的高中教育毛毕业率仅为28.2%和36.7%。从2010年到2015年的发展趋势来看，“一带一路”沿线国家高中毛毕业率的增幅情况存在一定的差异性。文莱、缅甸、阿富汗、卡塔尔和黎巴嫩出现了较为明显的负增长，减幅超过了10%，其中，缅甸更是从2010年的36%降到了2015年的9.5%。

中东欧的部分国家也出现了轻微负增长。除此之外，大部分国家的高中毛毕业率增幅都在0%~15%。其中，泰国、蒙古和土耳其的高中毕业率增势喜人，分别为49.2%、28.3%和26.1%。

（五）多数“一带一路”沿线国家已普及了小学义务教育，但全民受教育程度仍停留在初中阶段。中国公民的平均受教育年限整体处于中等偏高水平

成人平均受教育年限是计算15岁及15岁以上人口在其一生中所受教育的平均年数，即将人口受教育的持续时间转换为受教育年数。平均受教育年限是衡量国家教育发展水平乃至人类发展指数的一项重要指标。根据2010年世界银行的可得数据，我们整理了“一带一路”沿线国家15岁以上人口平均受教育年限数据。“一带一路”沿线国家2010年的平均受教育年限为8.83年，超过了小学教育规定的6年年限。这说明“一带一路”沿线国家的大部分公民都已经完成了小学教育，但全民受教育程度仍停留在初中阶段。

成人平均受教育年限的区域差异和国别差异较为显著（$F=10.36$，$P=0.022$）。从2010年的数据来看，只有3个国家，斯洛文尼亚、以色列和爱沙尼亚的成人平均受教育年限在12年以上，超过了小学教育的6年和中学教育的6年年限。包括蒙古、马来西亚、阿尔巴尼亚、希腊、新加坡、塔吉克斯坦和俄罗斯等在内的23个国家的平均受教育年限在9到12年之间，然而也门、阿富汗、尼泊尔、缅甸和柬埔寨5个国家的平均受教育年限低于5年。除国别差异之外，成人平均受教育年限也存在着较大的区域差异。欧洲和中亚地区的平均受教育年限较高，分别为11.2年和10.8年。大多数平均受教育年限较高的国家，比如以色列（12.3年）、俄罗斯（11.5年）、哈萨克斯坦（11.3年）和保加利亚（11.2年）等都集中在这两个区域。南亚地区的整体平均受教育年限最低，仅为6.3年，如阿富汗和尼泊尔的平均受教育年限仅为3.9年和4.2年。中国在2010年的成人平均受教育年限仅为7.51年，低于当年的世界平均水平8.83年。直至2020年，国务院新闻发布会最新数据显示，中国劳动年龄人口平均受教育年限已增长到10.8年，其中新增劳动力平均受教育年限达到13.8年，已进入高等教育阶段。这一数据进一步说明中国已经实现了95%的九年义务教育在校生巩固率并基本普及了高中阶段教育。为完成“十四五”时期把劳动年龄人口平均受教育年限提高到11.3年的阶段目标，中国需要进一步普及高中教育，建设高质量教育体系。2010年“一带一路”沿线国家 15 岁以上人口平均受教育年限如图 2-4 所示。

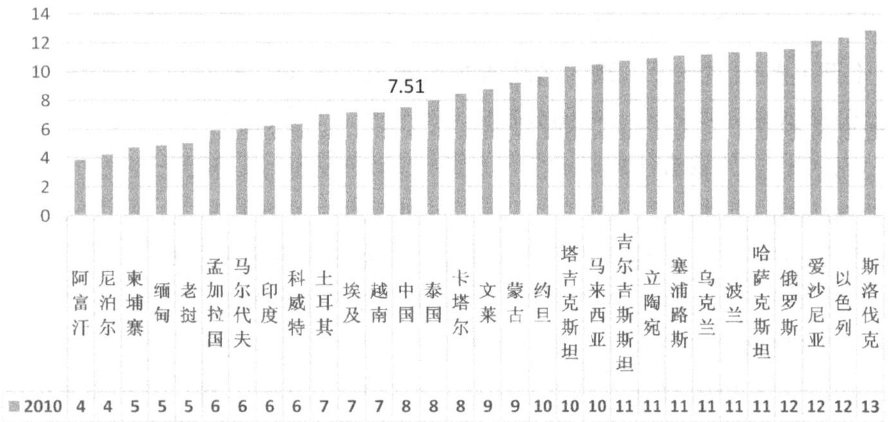

图 2-4　2010 年“一带一路”沿线国家 15 岁以上人口平均受教育年限

资料来源：同图 2-1

三、“一带一路”沿线国家基础教育发展对中国教育发展的启示

（一）强化政府财政性职能，不断提高教育经费投入占 GDP 比例

各国政府都在努力通过增加对教育的投资来提高人力资本。研究表明，政府教育支出增加和经济增长之间具有正向双向关系，即经济增长能影响政府在教育方面的支出水平，而反过来教育投入在一定时间后也会影响经济增长[①②]。当我们以 2015 年的数据为例，建立简单的回归模型来分析不同教育阶段毛毕业率和教育经费总支出占 GDP 比例、生师比以及不同教育阶段净入学率之间的关系时，我们发现教育经费在极大程度上能影响教育完成程度，比如：教育经费总支出占 GDP 比例每上升一个单位，小学毛毕业率将会增加 2.96 个百分点（$P = 0.031$）。因此增加政府教育经费支出不仅能够提高本国学业完成率，也能促进本国经济发展。由于教育属于准公共产品，政府应该

① Daniel Landau, “Government Expenditure and Economic Growth: A Cross-country Study,” *Southern Economic Journal*, 1983.

② Abhijeet Chandra and Jamia Millia Islamia, *Does Government Expenditure on Education Promote Economic Growth? An Econometric Analysis*, Germany: University Library of Munich, 2010.

承担其主要的财政投入责任，增加对各阶段教育的经费投入①。

尽管“一带一路”沿线国家政府教育经费总支出占GDP比例差距较大，但近年来基本保持增长趋势。2015年“一带一路”沿线国家政府教育经费总支出占GDP比例为4.2%，实现了4%的基准目标。中国教育部和中国国家统计局最新数据显示，2019年中国教育经费总投入首次超过5万亿元，同比增长8.74%，连续8年保持4%的成果比例②。2012年到2019年7年间，中国的教育经费总支出从2.22万亿元增长到5万亿元（约合7 440亿美元）③，这反映了中国政府科教兴国的战略，也反映了中国政府对提高教育质量和办人民满意教育的积极响应。教育投入是保障教育事业的物质基础，中国政府应该始终把教育放在优先发展的战略位置，在保证国家财政性教育经费支出占GDP比例不低于4%的前提下，不断优化教育经费投入体制，提高教育经费使用效益。在以公共财政支出为主的前提下，各级政府应鼓励社会投入，鼓励行业、企业及其他社会力量的参与，充分调动全社会办教育的积极性。此外，教育经费投入应该重点向贫困、边远、农村和少数民族地区倾斜，并针对特定区域和经济困难人群着力构建长效投入机制，如国家资助机制和助学贷款机制。最后，针对教育经费的具体使用，中国政府需要坚持建立和执行科学、精细的经费管理体系，强化各级政府的统筹监管职能并建立教育经费使用审计体系，让每一笔教育经费都能规范、安全、有效地用到实处。

（二）大力普及学前教育，巩固义务教育成果，提高义务教育质量

与“一带一路”沿线国家相比，中国已基本实现了义务教育的全民普及，但学前教育亟待得到进一步的发展。尽管“入园难”问题得到初步缓解，但是免费学前教育只能解决部分可负担性问题且不能解决学校配置问题，同时免费学前教育预算完全依赖县级财政投入也加大了经费可持续投入的难度。《国家中长期教育改革和发展规划纲要（2010—2020年）》（以下简称“纲要”）提出2020年要基本普及学前一年教育，同时学前第二年和第三年的毛入园率要分别达到80%和70%。根据纲要的指引，各级政府应该建立政府主导、多渠道的办园制度；大力推动建立公立幼儿园，增加公共学前教育资源，

① 霍力岩、孙蔷蔷：《中国与“一带一路”沿线国家学前教育发展的比较研究》，《现代教育论坛》2016年第4期。

② 中华人民共和国中央人民政府（http://www.gov.cn/xinwen/2020-11/04/content_5557140.htm）。

③ 人民网（http://en.people.cn/n3/2017/0922/c90000-9272722.html）。

保证幼儿园与居民区的资源配比；积极扶持民办幼儿园，充分调动社会力量参与办园。为了实现“基本普及学前教育”这一目标，中国政府同时应该重点关注农村学前教育，保证留守儿童、流动人口子女等困难群体入园。义务教育阶段，与“一带一路”沿线国家相比，中国已基本普及高中教育并实现了 95% 的九年义务教育在校生巩固率。当前，中国政府需要进一步巩固义务教育普及成果。政府和学校应尤其关注城市务工人员子女和农村留守儿童，采取措施充分“确保适龄儿童少年不因家庭经济困难、就学困难、学习困难等原因而失学，努力消除辍学现象”。比如可以参考马来西亚信用基金经验，为农村贫困儿童设立专项基金来支持家庭贫困学生，并为其提供经济援助和心理辅导，从而减少因经济和心理因素导致的辍学事件①。此外，在巩固义务教育普及成果的前提下，当前义务教育阶段的关注重点应集中在教育质量层面。结合新课改的教学目标，各级政府和学校需要大力推行贯通教育和创新教育，坚决落实减负这一重要目标，切实减轻学生学习负担，构建符合学生成长和年龄阶段的健康快乐的教育环境，从而促进学生全面而有个性的发展。同时，在 21 世纪教育信息化的背景下，政府和学校也需要大力推广教育技术在课堂的使用，建立开放和远程教育模式，改革创新教学内容和手段，以配合不同学习群体和学习活动的需要②。

（三）加强和“一带一路”沿线国家的基础教育交流合作，坚持优质教育资源的“引进来”和“走出去”

中国目前和“一带一路”沿线国家的国际交流合作主要集中在高等教育领域。在基础教育领域，中国更多是与美英等西方发达国家进行交流，而且大多属于一种“引进式”的单向交流③。“一带一路”沿线国家虽然很多并不属于发达国家和教育强国，但其针对自身的发展国情，在其基础教育领域也实施了很多具体有效的措施，非常值得我们学习借鉴。作为“一带一路”倡议的发起倡导国，在当今经济和教育全球化的背景下，中国更应该主动与“一带一路”沿线国家进行交流合作，在最大程度上实现教育资源的合理配

---

① 张乐天：《发展中国家农村教育补偿政策实施状况及其比较》，《比较教育研究》2006 年第 11 期。

② 艾伦·泰特、陈垄、张伟远：《开放和远程教育中学生学习支持之理念与模式》，《中国远程教育》2003 年第 15 期。

③ 中国教育科学研究院：《提升中国学前教育在“一带一路”主要沿线国家中的影响力》（http://www.nies.net.cn/ky/xsqy/201606/P020160608440893627389.pdf）。

置，推动沿线各国教育质量的共同提高。从中央到地方各级政府、各级学校，中国可以与“一带一路”沿线国家建立多类型多层次的合作关系，坚持“引进来”与“走出去”相结合，借鉴国际先进的教育理念和经验，促进中国教育改革发展。在切实可行的基础上，中国政府可以引进沿线国家优质教育资源，在合作共赢的基础上设计合作性的基础教育项目。在政府的推动下，各级学校需要利用好当地政府与“一带一路”沿线国家已建立的合作关系，通过政府平台和社会机构，确定开展“引进来”和“走出去”办学的合作国家及合作办学主体[①]。基础教育应该借鉴高等教育对外交流的经验，与“一带一路”沿线国家开展双向留学交流、中外合作办学等项目，促进沿线地区的语言、文化和民心相通。目前，我国基础教育领域已经逐步开展了与沿线国家的对外交流合作并取得了一定成效。比如，在宁波市教育局与罗马尼亚胡内多阿拉县教育厅开展教育合作交流的契机下，宁波外事学校与罗马尼亚德瓦艺术中学建立起合作关系，积极引入罗马尼亚的优质艺术资源，并将其运用到国内的教学实践中。经过深入交流探讨，双方商定在罗马尼亚建立中罗国际艺术学校，将中方的教学管理经验、对外汉语教学等优势资源引入罗方[②]。

（四）提高教师薪酬、地位，不断加强高质量教师队伍建设

与“一带一路”沿线国家相比，中国是教师规模最大的国家，教师队伍持续壮大，教师待遇不断得到提升。自《中共中央 国务院关于全面深化新时代教师队伍建设改革的意见》提出以来，中国的教师队伍建设进展成效明显，教师地位、待遇得到明显改善。尤其是在农村地区，强调要“以农村教师为重点，提高中小学教师队伍整体素质”。2020年教育部发布会指出，中国乡村教师队伍结构已趋于科学合理，“特岗计划”、定向培养和退休支教等多重人才补充机制运转良好，乡村教师医疗、住房、荣誉奖励等多种保障政策落实到位[③]。百年大业，教育为本，为进一步推进高素质、专业化、创新型教师队伍建设，中国应坚持以中央政府投入为主，地方分担配套为辅的财政保障机制，仍然需要不断提高教师待遇，以期达到“一带一路”沿线部分欧洲国家教师的高薪资水平。同时政府应该大力推广绩效工资改革，将教师收入与

---

① 何新哲、石伟平：《“一带一路”背景下中等职业教育“走出去”办学的实践探索与启示》，《现代教育管理》2018年第5期。

② 中国—中东欧国家合作（http://www.china-ceec.org/chn/sbhz/t1427397.htm）。

③ 新华网（https://baijiahao.baidu.com/s?id=1676882442004955332&wfr=spider&for=pc.）。

工时、工龄、成果等挂钩；建立监督问责制度，让绩效工资改革能够顺利推行并落到实处。为提升教师素质能力和专业化水平，中国需要逐步提高教师的学历水平和科研能力，重视教师的专业成长；健全职前、入职和职后教师培养体系，建立教师职业终身发展制度。此外，21 世纪对经济发展方式转变和产业结构调整提出了新要求，建立现代职业教育体系亦成为必然趋势，以满足社会对专业技能型人才的需求。职业教育是培养专业技能型人才的主要渠道。中国政府需要加强职业院校教师队伍建设，加大职业院校教师培养培训力度。

（五）统筹兼顾、重点突出，借鉴“一带一路”沿线国家经验推动农村、贫困和民族地区基础教育均衡发展

中国幅员辽阔，各地教育情况不一。均衡发展是中国基础教育发展的战略性任务。中国政府大力推进农村教育和民族教育，实现全民城乡免费义务教育并不断提升教育公平。为进一步推动教育振兴，在新的时期，中国需要继续深化教育结构和布局改革，改善城乡、区域教育发展不平衡的问题，建立健全义务教育均衡发展保障机制，推动基础教育均衡发展。中国可充分借鉴“一带一路”沿线国家经验，比如针对农村教师流动性差、质量不高和动力不足的问题，可以参考蒙古的教师激励计划，为优秀教师和年轻教师提供奖金和其他优惠性激励政策，鼓励教师到国家最需要的地方发挥最大价值[①]。针对农村教育资源不足的问题，中国可尝试部分性地开放农村教育市场，改变政府财政独家承担的投资体制，引入多方资金来协同创办民办学校；同时在学校收费和办学质量上，也可以将公办学校引入竞争机制，发展公办学校和民办学校相结合的农村义务教育体系。在加强不同民族和地区间的教育融合和社会合作方面，中国可借鉴东南欧国家的“推进教育质量和包容性”（AEQI）计划和少数民族群体父母参与和代表教育（APREME）倡议[②]。阿尔巴尼亚、罗马尼亚、保加利亚等 10 个东南欧国家于 2007 年建立了 AEQI 计划并不断推进完善，意在通过调节民族学生父母努力参与学校生活的程度、重视家校沟通和合作，从而提高民族地区的教育质量。为促进民族交流和文

① 张乐天：《发展中国家农村教育补偿政策实施状况及其比较》，《比较教育研究》2006 年第 11 期。

② Karlidag-Dennis, Ecem, Richard Hazenberg and Anh-Tuan Dinh, “Is education for all? The experiences of ethnic minority students and teachers in North-western Vietnam engaging with social entrepreneurship,” *International Journal of Educational Development*, vol. 70, 2020.

化融合，也可参考 APREME 倡议，在少数民族地区重视开展语言课程、文化活动，尊重其传统，改善学校设施和保障资源供应，并鼓励学校和学生家庭之间的定期交流，从而提高少数民族学生的参与性，加深对彼此文化身份的认识[①]。

四、研究结论与不足

“一带一路”沿线国家数量众多，其经济发展水平与教育发展水平也存在较大差异，本章基于世界银行和联合国教科文组织提供的相关数据资料，从教育机会、教育投入、教育质量和教育产出 4 个维度对中国和 64 个“一带一路”主要沿线国家 2010 年至 2015 年的基础教育发展状况进行了比较分析；同时也厘清了中国基础教育在主要沿线国家中的相对发展水平，并在此基础上，提出了中国进一步推进基础教育发展的政策性建议。

研究结果表明，尽管区域和国别发展差异较为显著，整体而言，从 2010 年到 2015 年，“一带一路”沿线国家基础教育发展的各项指标均实现了不同程度的增长。尽管如此，“一带一路”沿线国家的教育发展基础仍然比较薄弱，全民受教育程度仍停留在初中阶段。这一情况也反映在了“一带一路”沿线各国各教育阶段入学率和毕业率上。随着各国对教育重视程度的提高和义务教育阶段各项政策的不断推进，“一带一路”沿线国家的整体小学净入学率和毛毕业率均在 90% 以上，已经基本实现了小学教育的全民普及；但中学平均净入学率和毛毕业率却始终在 80% 左右徘徊，学前教育阶段净入学率更是仅停留在 50%。随着中国教育改革的不断深入，中国小学阶段和中学阶段的教育普及程度已经分别达到了 99% 和 95% 以上，在主要沿线国家中处于中上水平。2010 年至 2020 年 10 年间，中国的劳动年龄人口平均受教育年限已从 7.51 年增长到 10.8 年；其中新增劳动力平均受教育年限达到 13.8 年，已进入高等教育阶段。这一数据进一步说明，中国已基本实现了义务教育的全面普及。中国接下来需要进一步普及学前教育，巩固义务教育成果，提高义务教育质量。

---

① David Frost, Anca Nedelcu and Eugen Palade: “Regional synthesis report, advancing participation and representation of ethnic minority groups in education project” (http://kec-ks.org/wp-content/uploads/2016/05/Regional-synthesis.pdf)

我们同样也需要注意，与世界平均水平相比，“一带一路”沿线国家的教师队伍建设仍然比较薄弱。尽管近5年来，“一带一路”沿线大多数国家各教育阶段的教师数量都基本实现了较大幅度的增长，但教师总量仍然存在大量缺口。除经济比较发达、人口老龄化趋势不断加深的中东欧地区[①]之外，大多数地区如东亚、南亚、东南亚和非洲诸国的义务教育阶段的生师比仍维持在20∶1甚至更高比例。“一带一路”沿线国家教师的薪资水平也并不乐观，除经济较为发达的绝大多数欧洲国家以外，沿线各国各教育阶段教师的年平均起薪都普遍较低。与“一带一路”沿线国家相比，中国教师队伍规模处于首位，教师待遇、地位不断得到提升。但中国各教育阶段的生师比仍需要得到进一步改善。未来中国更需要推动小班教学，调整优化教师队伍结构，改革创新教学内容和手段，不断加强高质量教师队伍建设。

本章还初步发现提高“一带一路”沿线国家基础教育发展水平的一大关键在于政府对教育的经费投入，教育经费在极大程度上能影响教育质量和教育完成程度。整体而言，“一带一路”沿线国家政府教育经费总支出占GDP比例大大低于世界平均水平，这或许在一定程度上能够解释大多数沿线国家较低的学业完成率和全民受教育程度。值得注意的是，欧洲和中亚地区教育经费总支出占GDP比例普遍较高，接近甚至超过5%。以中亚国家为例，如哈萨克斯坦和吉尔吉斯斯坦等国就从国家教育法层面强制保障公民接受中等教育和职业教育的免费权利[②]。在政府经费和法律的支持下，中亚国家保持着极高的生师比和中学教育学业完成率。中国和“一带一路”沿线国家需要充分借鉴中亚各国经验，在保证国家财政性教育经费支出占GDP比例不低于4%的前提下，不断增加教育经费投入。

当然，本章也存在一些不足之处。一是所使用的数据存在一定的缺失性，准确性不足。最理想的研究设计是整合分析65个“一带一路”主要沿线国家各具体年份的准确数据信息，但在实际操作中，国家和年份数据的缺失情况比较多。我们结合了世界银行和联合国教科文组织的部分数据，且用可获得的、其前后3年的数据对部分缺失年份的数据进行了替代使用。尽管在一定

① Nikolai Botev, "Population Ageing in Central and Eastern Europe and Its Demographic and Social Context." *European Journal of Ageing*, 2012.

② OECD and World Bank，(https://www.oecd-ilibrary.org/docserver/9789264245891-5-en.pdf?expires=1583695161&id=id&accname=ocid177302&checksum=C4EC8004B22CBB44B2B5ECA49B190D2B)

程度上增强了数据的丰富性，但同时也对数据的准确性产生了影响，部分缺失数据也依然存在。二是本章研究的量化分析尚存不足，由于数据有限，对于影响“一带一路”沿线国家基础教育发展的综合因素未能进行充分分析。我们将在后续研究中思考完善数据，进一步深化研究成果。

第三章 “一带一路”的教育政策

王 超（上海师范大学国际与比较教育研究院 博士研究生）
田小红（浙江师范大学教育科学研究院 副研究员）
李 军（加拿大西安大略大学教育学院教育政策与领导学系主任、终身教授，美国比较与国际教育学会候任会长）

“一带一路”教育政策是从教育层面，为实现“一带一路”倡议中的“政策沟通”“设施联通”“贸易畅通”“资金融通”“民心相通”而制定的关于教育的重要行动准则，其本身是“民心相通”的重要组成部分，同时又通过制度建设，为其他“四通”奠定坚实的社会民意基础、提供重要的人才支持。“一带一路”教育政策既是中国对外教育开放政策的延续，也是特定时期中国教育政策为实现特定的教育目标和任务，使教育服务社会发展的特定需求、满足时代提出的挑战而作出的特定安排，同时，也是中国教育发展到一定阶段对外开放和对内改革发展的内在需要。

中国的教育政策历来有为党和国家大政方针服务的特点。2013 年以来，随着“一带一路”由倡议变为行动，再到突破原有的亚欧非大陆的国家和地区，向所有志同道合的国家和地区开放，“一带一路”倡议已经成为新时期中国对外开放与合作，积极参与全球治理的重要标签和实践平台，而教育在其中发挥着基础性和先导性的作用，需要通过教育培养一大批熟悉党和国家方针政策、了解中国国情、具有全球视野、熟练运用外语、通晓国际规则、精通国际谈判的专业人才。

2014 年 12 月，全国留学工作会议召开，随后，教育部等五部委联合出台了《2015—2017 年留学工作行动计划》，对加快培养“一带一路”行动亟须的外语非通用语种人才、国际组织人才、国别和区域研究人才、拔尖创新人才以及来华青年杰出人才等五类国家发展急需人才作了部署，对“一带一路”倡议所需人才的规格和类型进行了规定，划定了重点。2015 年 3 月 28 日，国家发展改革委、外交部和商务部联合发布了《推动共建丝绸之路经济带和 21 世纪海上丝绸之路的愿景与行动》，在该文件中提出“扩大相互间留学生规模，开展合作办学，中国每年向沿线国家提供 1 万个政府奖学金名额”。这一宏观政策文件对“一带一路”的留学工作进行了定量规定。2015 年 9 月，教育部印发了《教育部关于加强外语非通用语种人才培养工作的实施意见》，拟通过加快培养国家亟须非通用语种人才等重要举措，实现所有已建交国家官方语言全覆盖。2016 年 2 月，中共中央办公厅、国务院办公厅印发了《关于做好新时期教育对外开放工作的若干意见》（以下简称《意见》），文件将“加快留学事业发展，提高留学教育质量”作为首项任务来抓，该项任务再次明确了培养“五类人才”的目标，文件指出：“实施“一带一路”教育行动，促进沿线国家教育合作。加强教育互联互通、人才培养培训等工作，对接沿线各国发展需求，倡议沿线各国共同行动，实现合作共赢。”2016 年 7 月 13 日，教育部正式印发了《推进共建“一带一路”教育行动》，从“教育互联互通、人才培养培训、丝路合作机制建设”3 个方面提出了更明确、更具体的政策措施，这一文件是中国推动共建“一带一路”愿景与行动在教育领域的落实方案。所有这些文件高屋建瓴地建构了新时期教育对外开放的人才培养目标，并明确了为实现人才培养目标、服务“一带一路”倡议需要采取的重要举措。2020 年 6 月，在新冠肺炎疫情给教育的国际合作带来冲击性影响的背景下，教育部等 8 个部门出台了《关于加快和扩大新时代教育对外开放的意见》，提出“打造‘一带一路’教育行动升级版，扩大教育国际公共产品供给，深化与重要国际组织合作，推动实施联合国《2030 年可持续发展议程》教育目标”等一系列重要举措，并积极分享在“停课不停学”、有序复学复课等方面的经验做法，向国际社会特别是广大发展中国家提供力所能及的帮助，为全球教育发展贡献了中国力量，为全球教育治理贡献了中国方案，不仅体现了中国持续推进“一带一路”教育行动一以贯之的努力与信心，而且展现了中国作为一个负责任大国的使命与担当。

一、“一带一路”教育政策的引领理念：人类命运共同体

发展在不同时代有不同的主题，也有不同的侧重点。当前，全球化正在以不可逆的方式重塑世界范围内的资源和生产要素配置，形成新的国际分工模式，推动经济发展，使全球经济和社会发展紧密联系在一起。如此一来，全球性的问题也日益突出，环境不断恶化、恐怖主义肆虐、贫富差距日益悬殊、局部战争的威胁等问题已经成为悬挂在全人类头上的“达摩克利斯之剑”。发展也从国家的发展拓展到全球的发展。建立新的国际关系，呼吁新的全球治理理念，已经是全球发展的必然要求。在这种情况下，“人类命运共同体”正是中国在参与全球治理，积极贡献中国智慧，提供中国方案方面作出的贡献，也是“一带一路”倡议的引领理念，同时也是中国协调对外关系，指导教育对外开放和国际合作的规范和价值指导。

教育国际交流最初的目的是借鉴他国经验，改造本国教育和培养人才，为本国的发展服务。“人类命运共同体”作为“一带一路”教育国际交流的指导思想，是对教育功能在新时期和新的国际形势下的拓展，是中国教育主动从借鉴走向真正的交流与合作的开始。这其中既包括教育的输入，也包括教育的输出；既包括向他国学习、与他国合作的谦虚的心态，也包括尊重文化差异、尊重他国关切的“和而不同”的开放的胸襟；既是通过教育来解决全球共同面临的问题的呼吁和实践，也是在知识多元化时代、知识多中心并存时期，中国贡献的国际交流与合作的智慧。这一理念也契合了联合国教科文组织在 2015 年发布的《反思教育：向“全球共同利益”的理念转变？》的核心思想，“将教育和知识视为全球共同利益，这意味着知识的创造、控制、习得、认证和运用向所有人开放，是一项社会集体努力”。

二、中国“一带一路”教育政策的主要内容

“一带一路”教育政策是在中国教育对外开放指导思想和工作原则下提出的，原本指针对现有的“一带一路”国家的教育政策，但随着“一带一路”倡议向全世界开放，“一带一路”教育政策逐渐成为新时期中国教育对外开放、对内提升质量和促进改革的重要抓手，其涵盖的范围越来越大，目前已经无法确定具体的边界。总体来看，“一带一路”教育政策的内容既包括中国

教育对外开放的主要途径，也包括中国教育自身实现国际化和提升质量的重要举措。

（一）双向留学政策

在“一带一路”倡议中，民心相通具有基础性的作用。民心相通只能通过人文交流和人才培养来实现，而高层次的人文交流和人才培养无疑具有引领作用。一方面，这需要中国培养大量精通“一带一路”沿线国家政策和语言的专家、学者；另一方面，“一带一路”其他国家也要有人才了解和懂得中国。双方的相互了解才能真正促进“民心相通”。为此，“走出去”和“引进来”的双向留学政策成为“一带一路”教育政策的一个支撑性举措。《2015—2017年留学工作行动计划》中指出，2015—2017年，“由国家留学基金资助一大批非通用外语相关专业人员出国进修、学习，为国家外交发展和国家‘一带一路’建设提供人才支撑”，并要“围绕国家‘一带一路’建设和外交发展需求”，“加强国别和区域研究人才培养”。《推进共建“一带一路”教育行动》明确提出“未来3年，中国每年面向沿线国家公派留学生2 500人”。以2017年为例，中国出国留学人员目的地仍相对集中，多数前往欧美发达国家和地区求学，“一带一路”国家成为新的增长点，当年赴“一带一路”沿线国家留学人数为6.61万，比上年增长15.7%，超过整体出国留学人员增速。其中国家公派3 679人，涉及37个“一带一路”沿线国家。除了国家公派留学之外，单位公派瞄准行业需求，留学人数也大幅增长，2017年的数据显示，“派出人数较上一年度翻番，达到3.59万，增幅达119.71%”。由此可见，“一带一路”的留学政策，已经形成了以公派留学为引领，自费留学为主体的格局，中央政府、地方政府和单位合力资助出国留学的体系，从政策方面为“一带一路”建设的人才培养保驾护航。

在“引进来”方面，早在2010年，教育部就印发了《留学中国计划》，其目标是“到2020年，使中国成为亚洲最大的留学目的地国家”。在2016年的《关于做好新时期教育对外开放工作的若干意见》中，正式确立设置“丝绸之路”中国政府奖学金，每年资助1万名沿线国家新生来华学习或研修。政府奖学金向周边国家以及“一带一路”国家倾斜，成为国家发展急需人才和人脉储备的重要渠道。2017年共有48.92万名外国留学生在中国高等院校学习，“一带一路”沿线国家留学生有31.72万人，占总人数的64.85%，增幅达 11.58%，前 10 位生源国依次为韩国、泰国、巴基斯坦、美国、印度、俄罗斯、日本、印度尼西亚、哈萨克斯坦和老挝。由此可见，“一带一路”来华留学生政策已经成了奖学金政策的主要部分，这一方面是因为政府对“一带一路”倡议的重视，另一方面是因为参与“一带一路”国别的增多。

（二）中外合作办学

改革开放以来中国的对外合作办学，已经走上了规范、健康、可持续发展的轨道。截至 2020 年 6 月，中国的中外合作办学机构和项目达 2 282 个，其中本科以上机构和项目共 1 196 个。中国具独立法人资格的中外合作办学的大学有 10 所，非独立法人中外合作办学机构有 121 家。基于历史经验和现实需求，“合作办学”也成为“一带一路”教育政策中人才培养的重要举措，其总体目标是倡议沿线国家之间开展高水平的合作办学。教育部在《推进共建“一带一路”教育行动》中，提出要实施“丝绸之路”合作办学推进计划，鼓励中国高校集中优势学科，选好合作契合点，构建好服务当地的人才培养和管理模式，使学校在海外顺利落地生根，培养当地急需的各类“一带一路”建设者。在合作办学过程中，鼓励行业企业与高校、职业院校进行合作，尤其鼓励中国享誉世界的高铁、具有优势地位的电信等行业开展境外合作办学。截至 2016 年 3 月，由教育部审批和复核及由地方审批报教育部备案的中外合作办学项目（机构）中，“一带一路”沿线国家参与开展的项目有 183 个，机构有 7 个。政府在鼓励的同时也加强了监管和质量保障。政府机构通过完善准入机制到改革审批机制，对合作办学项目和机构开展评估认证，强化退出机制，通过加强信息公开等方式进行监督和质量监控，以达到提高中外合作办学质量的目的。这些措施一方面能够帮助中国有效引进外国优质教育资源，另一方面，通过严格的监督管理制度，能够规范中国涉外办学行为，提高中国教育在“一带一路”沿线国家的认可度。

（三）“一带一路”国家语言互通

语言互通是“一带一路”所有倡议得以实现的基础。一方面，中国需要学习“一带一路”国家的语言，在学校教育课程体系中开设相关课程，同时要拓展政府间语言交换项目，扩大语言学习的国家公派留学人员的规模，在合作办学模式中也要倡导沿线国家与中国高校合作开办本国语言专业。中国语言和文化走出去是语言互通的重要策略，而孔子学院已经是推广语言和文化的国际品牌，自然在“一带一路”教育政策中具有重要的地位。从数量上来看，从2004年11月24日在韩国首尔第一所孔子学院的建立，到2020年6月，全球162个国家（地区）已建立541所孔子学院和1 170个孔子课堂。2017年，在与中国签署“一带一路”合作协议的76个国家中，共有57个国家建立了172个孔子学院和183个孔子课堂。在一定程度上，孔子学院被理解为单纯推广汉语和中国文化的平台，但是在《国家教育事业发展“十三五”规划》中，孔子学院还承担着“打造一支高素质院长和教师专职队伍，大力培养各国本土汉语师资”的重要任务，支持各国将汉语纳入本国国民教育体系，更加广泛地学习和使用汉语，帮助“一带一路”国家培养汉语本土人才。汉办还通过深入实施“孔子新汉学计划”，通过学历教育和其他资助方式，鼓励海外学者从事中国研究，助力沿线国家了解中国国情、中国经济、中国政策等。《国家教育事业发展“十三五”规划》中对孔子学院作用的定位是：“完善孔子学院发展机制，加强国际汉语师资队伍建设，探索建立高等学校毕业生海外志愿者服务机制，推动汉语国际地位提升。”与“十二五”规划中对孔子学院的描述相比，“十三五”规划中对孔子学院提出了更高的要求，不仅仅只是向外派遣中国的汉语教师，而是要培养本土汉语教师，这就使孔子学院从“输血式”发展向“造血式”发展转变；而且提出了明确的语言政策目标，使汉语能够纳入相关国家国民教育体系之中，体现了孔子学院在使汉语成为“一带一路”倡议中的国际优势语言甚至通用语言的过程中将要发挥的重要作用。

（四）教育援助

从1950年援助越南到现在援助非洲，中国的对外援助事业经过半个多世纪的探索，逐渐形成了具有中国特色的对外援助模式，已经成为国际援助领域具有独特体系的新兴援助国。实施“丝绸之路”教育援助计划是“一带一路”教育行动的重要组成部分。教育援助的主要内容包括：为沿线国家培养培训教师、学者以及各类技能人才，提供优质的教学仪器设备、整体教学方案以及援建维修校舍，加强对外教育援助基地建设等。在实施“一带一路”教育援助行动计划时，中国充分发挥国际平台的作用，积极有效地开展教育援助行动，如在“中非合作论坛”机制化框架下，开展了“中非高校20+20合作计划”。根据计划要求，中非各选择20所高校开展长期稳定的一对一合作，合作双方在各自优势学科、特色学科领域展开交流与合作。项目实施以来，“20+20”配对大学开展了富有特色和成效的项目合作，树立了“南南合作”的国际品牌，增强了中非高等教育合作的深度与广度。中国还为“一带一路”沿线国家如蒙古、哈萨克斯坦、土库曼斯坦、塔吉克斯坦、乌克兰等国提供额外的政府援助奖学金，实施商务部援外硕士学位学历项目等，均取得了良好的效果。这些教育援助不仅有助于沿线国家的教育发展，而且有助于加强彼此之间的了解，实现教育共同发展。

三、中国“一带一路”教育政策的实施机制

“一带一路”倡议是中国政府发起的，中国的“一带一路”教育政策也需要中国教育领域和社会各界积极行动，结合“一带一路”国家的关切，以需求为导向，以协调推动、重点推进、成果导向的方式，建立有效的政策实施机制，只有这样才能保证“民心相通”工程的实现。实施机制包括对内的教育政策实施系统和对外的合作机制两个主要部分。

（一）中国“一带一路”教育政策的实施系统

《推进共建“一带一路”教育行动》确定了中国“一带一路”教育合作发展的内容与路径，强调政府引导、民间主体的发展原则，共同推动“一带一路”教育政策的具体实施和有效落实。其中，教育部、国家发展改革委、商务部和外交部等部门是“一带一路”教育政策的制定者，从法律修订、战略规划、资金安排等方面，直接协调推动“一带一路”教育合作；各级各地政府利用区位优势和地方特色，对接国家总体布局，调配资源，搭建平台，支持指导本地教育系统与“一带一路”沿线国家开展教育合作，重点推进“一带一路”教育发展；各级各类学校是“一带一路”教育政策的具体执行者；一些企业、民间智库和机构，通过合作办学、合作科研和涉外服务等，能在“一带一路”教育政策实施过程中发挥监督、评价和反馈作用；各级党委在“一带一路”教育政策制定实施过程中发挥领导作用。上述机构相互作用，相互影响，共同构成中国“一带一路”教育政策制定与实施系统。中国“一带一路”教育政策制定实施流程如图 3-1 所示。此外，在实施过程中也鼓励非政府组织参与“一带一路”建设，政府通过向非政府组织购买服务、市场调配等措施，支持非政府组织参与教育对外开放，促进民间教育的国际合作

交流。

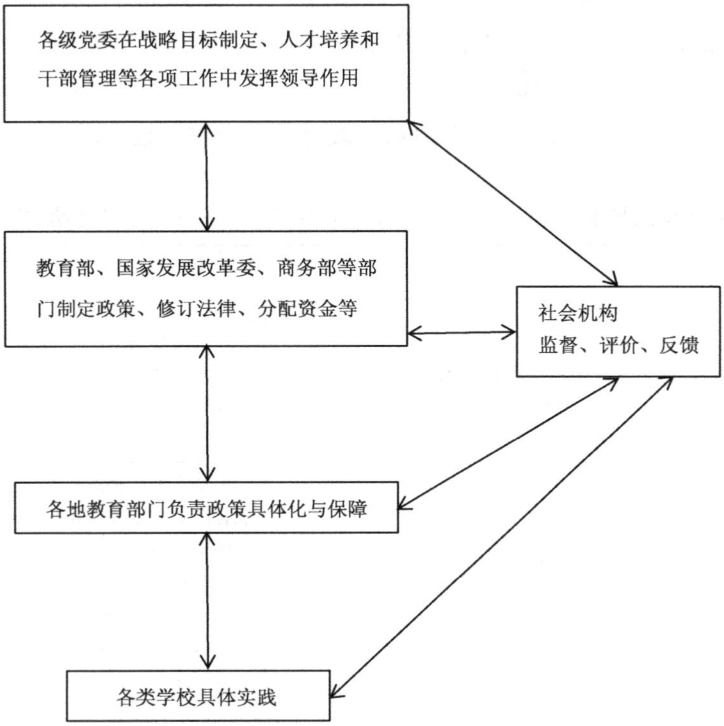

图 3-1 中国“一带一路”教育政策制定实施流程

（二）教育政策沟通与对外合作机制

加强政策沟通是推进共建“一带一路”教育行动的重要保障。加强与沿线各国政策沟通协调，有利于整合各种教育资源，引导教育融合发展，能够有效促进教育共同体的形成与发展。中国在“一带一路”教育行动中提倡“共商共建，开放合作”的原则，得到了相关国家和国际组织的积极回应。一些国家和国际组织在已有涉及教育领域的政策基础上提出与“一带一路”教育行动进行对接，一些聚焦于经济发展的政策规划也通过签订谅解备忘录、联合公报、联合宣言、联合声明等形式实现了与中国在教育领域的政策对接（见表 3-1）①。尽管大部分国家政策规划的核心目标是促进本国经济发展，但是随着“一带一路”倡议的不断深入，特别是相关国家想要提升本国发展质

① 中国一带一路网（https://www.yidaiyilu.gov.cn/info/iList.jsp?cat_id=10008）。

量，人才教育与培养就成了亟须解决的问题，与中国的合作也就从最初的经济、政治领域逐渐深入文化教育等领域。因此，除了在宏观层面涉及与中国教育领域的政策对接，也包括在具体的教育交流与合作领域的对接。截至2018年3月，中国已经和32个“一带一路”国家签署了学历学位互认协议，与37个沿线国家签订了45个多边双边教育领域合作协议①。

表3-1　相关国家与国际组织政策规划层面与中国“一带一路”教育行动政策对接情况

政策规划	主要内容	涉及教育领域的相关对接政策、行动和时间
俄罗斯“欧亚经济联盟”	拓展域外合作、地区能源合作、对接“一带一路”	中俄总理第二十三次定期会晤联合公报（2018年11月7日） 中华人民共和国和俄罗斯联邦联合声明（2018年6月9日）
哈萨克斯坦“光明之路”	基础设施建设、经济特区发展、投资环境	中华人民共和国和哈萨克斯坦共和国联合声明（2018年6月7日） 中华人民共和国政府和哈萨克斯坦共和国政府联合公报（2015年12月14日） 中华人民共和国和哈萨克斯坦共和国关于全面战略伙伴关系新阶段的联合宣言（2015年8月31日）
欧盟“容克计划”	强化人力资本、投资产出能力、知识与基础设施的欧洲维度等，资金将主要投向能源、电信、数字、交通以及教育创新等领域	第二十次中国欧盟领导人会晤联合声明（2018年7月16日） 关于建立中欧互联互通平台的谅解备忘录（2015年9月28日）
蒙古国“草原之路”	连接中俄公路、电气线路，拓展铁路、天然气管道和石油管道，发展亚欧过境运输	中华人民共和国和蒙古国关于深化发展全面战略伙伴关系的联合声明（2015年11月11日）
越南“两廊一圈”	建立国家基本架构，形成全国基础设施发展框架。同时通过发展经济走廊，特别是大城市的经济，带动周边地区经济发展	中越联合声明（2017年11月13日）
印度尼西亚“全球海洋支点”	复兴海洋文化、保护和经营海洋资源、发展海上交通基础设施、进行海上外交、提升海上防御能力	中华人民共和国政府和印度尼西亚共和国政府联合声明（2018年5月7日）

① 教育部：《这5年，教育开放筑新局》，2018年3月，中华人民共和国教育部（http://www.moe.gov.cn/jyb_xwfb/s5147/201803/t20180320_330665.html）。

续表

政策规划	主要内容	涉及教育领域的相关对接政策、行动和时间
匈牙利“向东开放”	在关注传统欧洲市场的同时，重点发展与东方国家的经贸关系	第一个与中国签订关于“一带一路”建设谅解备忘录的欧洲国家，第一个在国内设立母语汉语双语教学的欧洲国家
东盟“互联互通总体规划 2025”	在“人员流动”中提出支持高等教育交流	中国—东盟战略伙伴关系 2030 年愿景（2018 年 11 月 16 日） 落实中国—东盟面向和平与繁荣的战略伙伴关系联合宣言的行动计划（2016—2020）（2017 年 3 月 16 日） 第 19 次中国—东盟领导人会议暨中国—东盟建立对话关系 25 周年纪念峰会联合声明（2016 年 9 月 8 日）
非盟“2063 愿景”	提出“致力于以人为本的发展，并能发挥非洲人民特别是妇女和青年潜力、关爱儿童的非洲”	中非合作论坛—北京行动计划（2019—2021 年）（2018 年 9 月 5 日）
亚太经合组织“亚太经合组织互联互通蓝图 2015—2025”	在“人员交往互联互通”中提出“跨境教育、专业技术人才流动”等问题，在 2020 年之前实现 APEC 范围内跨境学生交流每年 100 万人次的目标，增加赴发展中经济体留学的学生数量	利马宣言（2016 年 11 月 20 日）
联合国“丝绸之路倡议”	促进丝绸之路沿线国家和地区在贸易、投资、旅游、文化等领域的交流与合作	中国 2003 年就加入该项目
联合国“2030 年可持续发展议程”	目标 4：提供包容和公平的优质教育，让全民终身享有学习机会	联合国总部召开“一带一路倡议和 2030 年可持续发展议程”高级别研讨会 中国落实 2030 年可持续发展议程国别方案（2016 年 9 月 19 日）

资料来源：根据中国“一带一路”网提供的资料整理，2018 年 11 月 20 日

中国“一带一路”教育政策是在中国的外交理念指导下制定的，其对外合作机制在理念上与中国外交理念一脉相承。因此，外交话语在“一带一路”教育政策方面的表述随处可见。如教育的对外合作方面，坚持共商共建共享的治理原则，对外教育合作秉持育人为本、人文先行、共商共建、开放合作、和谐包容、互利共赢的基本原则，通过利用已有的多边、双边合作机制，增加教育合作的新内涵，充分发挥国际组织的力量，推动沿线各国教育共同发

展。中国的“一带一路”教育政策，坚持不附加任何政治或经济条件，不干涉其他国家的内政，充分尊重合作国家的发展道路和发展模式。这些既是中国实施“一带一路”教育政策的主要特点，也是国家外交理念在教育中的充分体现。

就中国“一带一路”教育政策的对外合作机制的具体方式而言，除了与沿线各国相关机构合作外，依靠国际合作平台，发挥国际组织的重要作用也是一条重要路径（图 3-2）。在这方面，已经取得了一些成效，如通过推动学历学位认证标准联通，推动落实联合国教科文组织《亚太地区承认高等教育资历公约》，支持联合国教科文组织建立世界范围学历互认机制，实现区域内双边多边学历学位关联互认，加强与国际组织合作，积极参与国际教育质量标准研究制定，紧密对接《中国制造 2025》，开发与国际先进标准相对接的职业教育课程体系，积极参与制定职业教育国际标准等，充分利用如东盟、亚太经合组织、上海合作组织、中国—中东欧“16+1”合作机制、中非合作论坛等已有的、形式多样的多边合作机制，加强与相关国家和国际组织的密切交流合作，带动更多的国家和地区共同推动“一带一路”教育行动的建设。

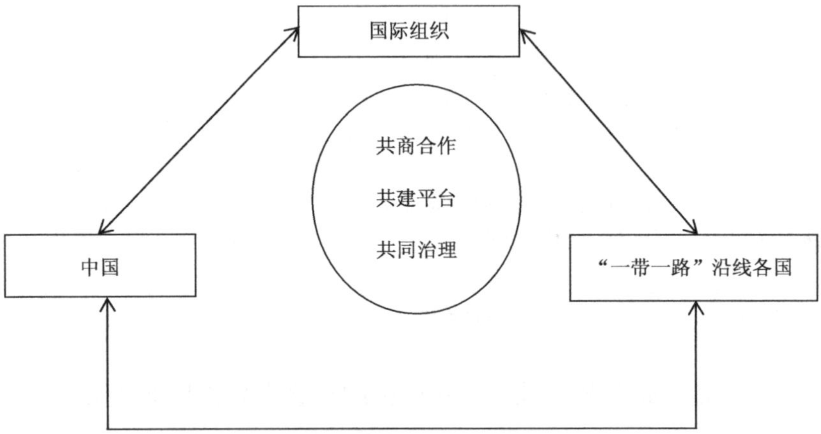

图 3-2　中国“一带一路”教育对外合作主体

保障对外合作的质量，是对外合作机制的重要组成部分。中国“一带一路”教育政策在这方面也作出了相关规定，并把相关主体纳入了质量保障体系之中。首先，中国国内通过强化监督管理，健全监管制度，对涉外教育服务组织、企业的质量进行把关，严格准入制度，加强退出机制。其次，与中国进行教育合作的相关国家，能够通过交流机制、政策沟通等方式表达诉求，并对中国提出相应的建议。如《推进共建“一带一路”教育行动》提出，通过加强教育政策沟通，构建沿线各国教育政策信息交流通报机制，为沿线各国政府推进教育政策互通提供决策建议，为沿线各国学校和社会力量开展教育合作交流提供政策咨询；通过加强“丝绸之路”人文交流高层磋商，协调推进教育合作、质量保障以及跨境教育市场监管等领域的发展。最后，中国在参与全球教育治理时，并不是要推翻现有的一些国际教育治理的原则去“另起炉灶”，而是对接相关国际标准，结合本国需求和“一带一路”沿线国家的共同需要，提出建议，推动联合国教科文组织等国际组织在全球治理中发挥重要作用。因此，国际组织能够对中国的“一带一路”教育政策作出评价，并提供良好的建议。

四、中国“一带一路”教育政策的特点

“一带一路”教育政策作为中国“一带一路”倡议的重要组成部分，不仅涉及教育领域的问题，而且关涉文化、经济、社会、民生、政治等众多领域的发展。因此，中国政府高度重视与“一带一路”沿线国家的教育合作，越来越多、更加具体的教育政策陆续出台，从而推动中国“一带一路”教育行动不断发展。通过前面对具体政策的分析，中国“一带一路”教育政策主要有以下几个特点。

（一）彰显了中国全球教育治理理念

中共十八大以来，中国的领导层逐渐形成了“构建人类命运共同体”思想和“共商、共建、共享”的新型全球治理观。不论是从发展愿景、发展方式，还是从发展过程或结果来看，这些理念在中国“一带一路”教育政策中处处彰显。首先，“一带一路”教育行动秉承共商、共建、共享的基本理念，通过共商、共建、共享，为“一带一路”沿线国家提供教育服务，扩大中国教育开放态势。其次，中国“一带一路”教育行动是一个开放包容的系统，任何国家都可以根据自己的需要决定是否参加，以何种形式参加，参加到什么程度；在建设过程中，任何国家一律平等，中国以合作共赢和共同发展为宗旨，同时主动为那些最不发达的国家提供教育援助，并且没有附加任何经济或政治条件；在“一带一路”教育政策中，中国十分关注高等教育、职业

教育与企业合作、产教融合的情况，高等教育能够促进科技创新，职业教育则培养了一大批“一带一路”建设所需要的各种专门人才，能够有效推动各国经济增长，这与中国十分重视和强调全球经济治理的基本思路相一致①。最后，中国“一带一路”教育行动的实施，主要依靠现有的国际合作与交流平台，不谋求通过新的制度设计实现主导权②，遵循因地制宜、项目导向的务实合作原则，这与中国坚持在联合国框架内参与全球治理的思路一脉相承。

（二）中国“一带一路”教育市场化特征日益明显

中国通过实施留学中国计划，优化来华留学生生源国别、专业布局，加大品牌专业和品牌课程建设力度，构建来华留学社会化、专业化服务体系，打造“留学中国品牌”。发挥奖学金政策带来的示范效应，越来越多的外国留学生开始自费前来中国留学。据统计，2017 年来华留学生中，自费生人数达到 43.06 万人，占总数的 88.03%③。除此之外，中国建立了专门的留学教育网站，如国家留学基金委官网、中国政府奖学金网站、国家汉办、孔子学院官网等，这些官方网站集宣传与留学信息于一体，提供英语、法语、西班牙语等世界通用语言服务，方便外国学生寻找有用的信息，吸引外国学生来华留学。中国通过出台一系列政策，加强留学生管理与服务，以提高留学生体验质量。更重要的是，中国通过实施“双一流”建设以提高中国大学的国际竞争力，并通过进一步加快和扩大教育对外开放，借助孔子学院和课堂，有效利用网络信息技术，通过各种渠道和多种方式，积极介绍中国教育发展的经验和模式，主动走出去，扩大国际影响力，以形成“品牌效应”，扭转“留学逆差”。“一带一路”沿线国家已成为来华留学生生源增长的发力点，为中国高等教育提高国际化水平，扭转留学生教育“逆差”提供了重大机遇。

（三）高等教育国际化使命发生转变

1978 年以后，中国实行了延续至今的改革开放，高等教育领域作为最早对外开放的领域，肩负着为“在经济上赶上资本主义国家，在政治上创造比资本主义国家的民主理论更切实的民主，并且造就比这些国家更多更优秀的

---

① 胡必亮：《“一带一路”与中国的全球治理观》，《中国发展观察》2018 年第 3 期。

② 金玲：《“一带一路”：中国的马歇尔计划？》，《国际问题研究》2015 年第 1 期。

③ 教育部：《来华留学工作向高层次高质量发展》，2018 年 3 月，中华人民共和国教育部（http://www.moe.gov.cn/jyb_xwfb/gzdt_gzdt/s5987/201803/t20180329_331772.html）。

人才[1]”的重任，高等教育国际化的重要使命就是学习西方先进的科学技术、管理经验，为社会主义现代化建设服务。在这一时期，高等教育国际化的最终指向是把中国建设成为高等教育强国。因此，这一时期的高等教育国际化的最终目的始终是将先进的知识、优质的人才、高质量的院校资源留在国内，为我所用[2]。而在“一带一路”教育行动中，中国高等教育国际化除了要继续引进国外优质高等教育资源，培养优质国际化人才，还要强调“精准”引进与培养，鼓励在新兴学科开展合作办学，集中公派留学资源培养国家发展急需的尖端人才[3]，积极服务于国家发展需要。此外，中国更强调“送出去”，在了解并尊重各国文化传统的基础上，运用多种方式将中国教育的发展理念、发展经验、发展模式介绍并推广出去，讲好中国的“教育故事”。这是一种心态的变化，心态变化背后反映的是在举国体制推动下的中国高等教育质量的显著提高，体现了中国特色社会主义教育制度的显著优越性。

（四）教育援助方式从“输血式”向“造血式”转变

长期以来，中国教育援助的主要方式是提供成套的项目建设方案和资金支持，向外派遣专家、志愿者直接参与当地社会建设与服务，这种援助方式就是“输血式”援助。在短期内，“输血式”援助能够取得一定效果，长期来看则会导致被援助国创新能力下降，依赖性增强。中国目前的教育援助更强调“造血式”援助，通过提供各种培训班，帮助受援国培训大量人才。奖学金政策也是一种教育援助方式，为“一带一路”沿线国家特别是那些最不发达国家培养优秀人才，以使他们回国后能够建设自己的国家。

五、中国“一带一路”教育政策的未来展望

鉴于“一带一路”倡议在当代中国参与全球治理过程中的重要作用以及世界越来越多国家认可并参与“一带一路”实践的事实，“一带一路”教育行动的重要性将随着“一带一路”建设实践的不断深入而日益凸显出来。人才

---

① 高书国：《中国教育国际化发展阶段与特征分析》，《中国高教研究》2016 年第 12 期。

② 陈·巴特尔、郭立强：《“一带一路”建设背景下我国高等教育国际化的转型与升级》，《国家教育行政学院学报》2018 年第 3 期。

③ 中国教育报：《如何加快和扩大新时代教育对外开放》，2020 年 6 月，中华人民共和国教育部（http://www.moe.gov.cn/jyb_xwfb/moe_2082/zl_2020n/2020_zl33/202006/t20200623_467796.html）。

始终是“一带一路”倡议深层推进的重要因素[①]，“一带一路”建设所涉及的经济、政治、文化、生态、社会等诸多领域，无一不需要专门的高端人才提供强有力的支持。教育作为培养“一带一路”人才的手段，将为“一带一路”提供智力支撑。但是与以往的教育开放政策相比，“一带一路”沿线除少数国家外，大部分国家的文化教育水平落后于中国，在教育合作领域能够使中方直接受益的项目并不多[②]，中国需要保持定力，在不涉及国家核心利益的前提下，维护各国间的共同利益，促进教育共同发展。在深入推进“一带一路”倡议的过程中，需要明确的是，教育政策作为国家宏观政策的组成部分，必须服从服务于国家整体发展的需要。可以肯定的是，中国“一带一路”教育政策的未来走向必将围绕“构建人类命运共同体”思想和“共商共建共享”的新型全球治理观，以有利于推动国际教育共同体形成、有利于促进各国教育共同发展、有利于提高中国在全球教育治理领域的话语权为发展目标。

（一）在“一带一路”教育行动中坚持质量优先，适度扩大发展规模

中国国家主席习近平 2018 年 7 月在南非约翰内斯堡发表的演讲中指出：“未来 10 年，将是世界经济新旧动能转换的关键 10 年。人工智能、大数据、量子信息、生物技术等新一轮科技革命和产业变革正在积聚力量，催生大量新产业、新业态、新模式，给全球发展和人类生产生活带来翻天覆地的变化。”[③]这表明知识创新是各国国际竞争力的核心要素，通过科技创新，各国尤其是发展中国家，才能够有效应对第四次工业革命带来的机遇与挑战，而提高教育质量则是科技创新的基础与前提条件。纵观中国教育对外开放的 40 年历程，大半时间是向欧美等的发达国家学习先进经验，这使中国的教育改革取得了突出的成绩。而“一带一路”教育行动则要求中国教育主动地走出国门，积极传播中国特色社会主义教育发展的基本理念和基本经验，这要求提高本国的教育质量，才能够吸引相关国家主动前来学习，也更有说服力，更能扩大国际影响力。中国已经成为亚洲最大的留学目的国，这一数字随着“一带一路”教育行动的深入实施还将继续增大。但是中国鼓励“一带一路”

---

① 成雪岩：《“一带一路”国际化背景下高等教育创新人才培养的路径》，《教育理论与实践》2016 年第 27 期。

② 周谷平、韩亮：《“一带一路”倡议与教育外交》，《比较教育研究》2018 年第 4 期。

③ 习近平：《顺应时代潮流　实现共同发展》，2018 年 7 月，中国共产党新闻网（http://cpc.people.com.cn/n1/2018/0726/c64094-30170246.html）。

沿线国家优秀学生来华留学的主要目的是提升中国高等教育的国际知名度和国际影响力。因此，从这一点来看，提升中国教育质量比扩大规模更加重要。此外，教育行动容易触碰到其他国家的文化价值观和教育主权，更容易引起“国际理解”问题①，需要坚持开放、包容、多元、谦虚的心态，增进不同国家和民族之间的相互理解、尊重和信任，以他国人民易于接受的方式推进教育交流与合作。所以，中国在制定“一带一路”教育政策时，应当树立“质量优先”的意识，不能急于求成，而要注重教育合作的质量，让合作国家真切体会到中国带来的帮助，并且要发挥成功项目的示范效应，扩大影响。

（二）发挥奖学金政策的示范效应，提高中国高等教育质量和国际化水平

中国政府提供的丰厚奖学金，吸引了大批来自“一带一路”沿线国家的学生来华留学。除了设立“丝绸之路”政府奖学金以外，中国现有的奖学金体系也在向“一带一路”沿线国家倾斜。2017 年教育部来华留学生工作经费支出为 28.6 亿元，2018 年的经费预算达到 33.2 亿元，同比上涨 16.08%，远高于出国留学经费预算 0.12% 的增速②，这表明中国政府在未来仍然重视奖学金政策对“一带一路”沿线国家学生的吸引。

除此之外，中国政府也深刻认识到，提高中国教育在全球教育治理领域的话语权，必须提升中国教育质量，尤其是高等教育质量。中国通过实施“双一流”建设，营造良好的国际化教学科研环境，增强对外籍优秀教师和高水平留学生的吸引力；积极参与国际教育规则制定、国际教育教学评估和认证，切实提高中国高等教育的国际竞争力和话语权，树立中国大学的良好品牌和形象③。在国际化方面，中国注重从课程国际化、教师国际化、学校管理国际化等方面入手，加快推动“一带一路”教育行动的内涵建设。《国家教育事业发展“十三五”规划》明确提出要“实施‘一带一路’建设外语非通用语种人才培养专项，支持具备条件的高校开设一批外语非通用语种新专业，培养外语非通用语种人才”，还要“完善高校教师和科研人员出国交流、国际会议、外事接待等管理制度”，鼓励支持教师更广泛、更深入地参加国际学术

---

① 周谷平、韩亮：《“一带一路”倡议与教育外交》，《比较教育研究》2018 年第 4 期。

② 教育部：《教育部 2018 年部门预算》，2018 年 4 月，中华人民共和国教育部（http://www.moe.gov.cn/srcsite/A05/s7499/201804/t20180413_333043.html）。

③ 教育部：《国务院关于印发统筹推进世界一流大学和一流学科建设总体方案的通知》，2015 年 10 月，中华人民共和国教育部（http://www.moe.gov.cn/jyb_xxgk/moe_1777/moe_1778/201511/t20151105_217823.html）。

交流与合作。这些方面政策支持的加强，将会培养一批具有较高学术水平、熟悉相关国家情况的优秀人才，将有效引领“一带一路”教育国际化建设[①]。

（三）提升全球教育治理能力，推动“一带一路”教育共同体形成

自“一带一路”倡议提出以来，相对于中国在经济和政治领域的治理来说，教育领域的发展显得更加困难重重和错综复杂。一方面，尽管改革开放使得中国教育质量取得了长足的进步，但是教育差距的扩大、高等教育质量的下滑等问题也不容忽视，尚未完全形成一个可供世界借鉴的成熟的“中国模式”。因此，中国需要提升国内教育治理水平，及时总结教育发展过程中的成败得失，特别要总结中国在消除文盲群体、推行全民义务教育等领域取得的积极经验，为有需要的国家提供借鉴。

另一方面，因为“一带一路”沿线各国在文化价值观、教育理念、教育体制以及教育发展水平等方面存在较大差异，教育交流与合作往往不是那么一帆风顺的。因此，中国需要秉持“和而不同”的理念，在充分了解并尊重沿线各国的文化传统、现实需求和未来选择的前提下，在梳理总结已有教育合作经验的基础上，有针对性地进行交流合作，及时调整教育合作的内容和方式。此外，还要通过推动“一带一路”沿线国家共同参与教育领域相关国际标准的制定与实施，夯实教育合作的基础。在标准制定的过程中，中国要提升全球教育治理能力，发挥沟通者、协调者、合作者与推动者的作用，本着平等参与、互利互惠、合作共赢的原则推动各国进行教育政策对接，完善保障机制，共同促进“一带一路”教育共同体的形成与发展。

① 李军、田小红：《“一带一路”背景下中、非大学的国际合作与发展》，《华南师范大学学报（社会科学版）》2017年第1期。

第四章 “一带一路”上的高等教育发展

庄腾腾（北京师范大学教育学部高等教育研究院 讲师）
张志强（香港中文大学教育行政与政策学系 教授、系主任）

“一带一路”沿线涵盖了东南亚、南亚、西亚、北非及中东欧等世界上的65个国家，涉及人口规模达40亿之多。人们常说“一带一路”沿线国家发展水平差异巨大，实际上这种差异不仅体现在基础设施建设和经济发展方面，也同样体现在教育发展领域。在高等教育层面，随着各类排行榜的连年发布，各国在大力发展本国高等教育、深入推进各自高等教育国际化的进程中会参考此类排名来厘清和认定本国高等教育在全球教育体系中的位置。厘清“一带一路”沿线国家高等教育发展现状，了解各国高等教育的优势与不足，是在国与国及地区与地区间开展高等教育精准合作的前提。

鉴于“一带一路”沿线不同国家高等教育发展水平与经济发展水平一样存在着巨大差异，本章拟回答以下研究问题：①“一带一路”沿线国家高等教育的综合水平有着一种怎样的分布格局？②“一带一路”沿线国家的高等教育院校的优势学科和领域有着何种分布格局？③“一带一路”沿线国家的高等教育自21世纪以来采取了何种发展路径？④“一带一路”沿线国家在诸如高等教育毛入学率、高等教育完成率、政府资金投入以及留学生比例等高等教育基础指标上的现状如何？⑤“一带一路”沿线国家面临何种发展挑战？

本章对以上数个问题的研究方法如下。针对研究问题①和②，将主要依据全球最具影响力之一的大学排行榜QS世界大学排行榜（QS World University Rankings）作为主要参考依据，探讨南亚与东南亚、中亚、中东、东欧以及非洲等五大地区不同国家高等教育机构的整体综合实力分布格局和优势领域分布格局。综合实力将主要以全球排名前 1 000 名为主要参考指标，各学科领域实力将主要以全球排名前 500 名为参考指标。鉴于“一带一路”沿线涉及国家数量众多，本章仅能从各地区中选取部分主要国家作为研究对象，具体包括：南亚和东南亚地区的印度、巴基斯坦、印度尼西亚、缅甸和柬埔寨，中亚地区的哈萨克斯坦、吉尔吉斯斯坦、塔吉克斯坦、土库曼斯坦和乌兹别克斯坦，中东地区的沙特阿拉伯、叙利亚、伊朗、土耳其和阿联酋，东欧地区的波兰、俄罗斯、匈牙利和乌克兰，以及非洲的埃及、爱沙尼亚、肯尼亚和南非。本书也会同时选取各地区的一些发达经济体作为参考，如日本、新加坡等。针对研究问题③，本章将以联合国教科文组织、世界银行、亚洲开发银行等组织的权威资料为来源，采用文献研究法对“一带一路”不同国家和地区的高等教育发展路径进行梳理和总结。针对研究问题④和⑤，本章将抓取联合国教科文组织及世界银行提供的公开资料，对“一带一路”沿线国家的有关高等教育指标进行整合与比较，探析一些影响高等教育发展的主要变量之间的量化关系，总结有关规律，揭示有关挑战。总体而言，本章将采用文献研究法和基于资料的量化研究法共同完成对 5 个研究问题的回答。

一、“一带一路”沿线国家高等教育综合实力整体分布情况

综合排名是一所高等院校整体实力的直接体现。从 QS 世界大学排行榜 2019 年的排名结果来看，跻身全球前 1 000 名的高等学校中，非洲国家的高等院校有 17 所，亚洲国家共有 281 所，欧洲国家共有 381 所，拉丁美洲共有 93 所，北美洲共有 183 所，大洋洲共有 45 所。若紧密围绕“一带一路”来划分区域，可将沿线有关国家分别按照东亚、东南亚、中亚、中东、东欧和非洲等区域来分别加以审视。

东亚国家如日本、韩国自第二次世界大战以后在迅猛发展经济的同时大力发展高等教育来为国家储备和输送各类应用型人才，尤其是日本，其在数十年前就早已涌现出诸多世界知名高等学府，如东京大学、京都大学、东京理工大学等，早已成为亚洲地区重要的留学生输入国。同时，日本自 1949 年至 2018 年共有 27 位科学家荣获诺贝尔奖，加之日本企业在全球经济格局中强大的竞争力，都体现着日本高等教育的一流水平。韩国和中国香港地区多

年来也是东亚重要的高等教育阵地，诸如首尔国立大学、韩国高等科学技术学院、香港大学、香港科技大学、香港中文大学等知名学府常年高居世界大学排行榜而引人注目。中国内地自 20 世纪末通过实施由国家力量强力支持的“985 工程”和“211 工程”等一流大学建设项目，近年来亦有越来越多的中国高校跻身世界一流大学竞争之列，如清华大学、北京大学、复旦大学、上海交通大学等知名学府。

南亚及东南亚地区除新加坡这一极度发达的经济体常年在各国际测评项目及排行榜中居高不下之外，诸如印度、印度尼西亚、巴基斯坦、柬埔寨和缅甸等国家亦值得特别关注。QS 2019 的世界前 1 000 名的高校中，印度共有 24 所，最高排名为印度理工学院孟买分校（Indian Institute of Technology Bombay，全球第 162 位）和印度科学研究院（Indian Institute of Science，全球第 170 位）；印度尼西亚共有 9 所，最高学府为印度尼西亚大学（Universitas Indonesia，全球第 292 位）；巴基斯坦共有 7 所，最靠前的为巴基斯坦工程和应用科学研究所（Pakistan Institute of Engineering and Applied Sciences，全球第 397 位）和伊斯兰堡国立科技大学（National University of Sciences and Technology Islamabad，全球第 417 位）。柬埔寨和缅甸尚未有高校跻身全球前 1 000 名。

中亚地区主要由 20 世纪 90 年代初独立于苏联的 5 个国家构成，即哈萨克斯坦、吉尔吉斯斯坦、塔吉克斯坦、土库曼斯坦和乌兹别克斯坦。五国之中，唯有哈萨克斯坦有 10 所高校跻身全球前 1 000 名，排名最靠前的学校是哈萨克斯坦国立大学（Al-farabi Kazakh National University，全球第 220 位），其余四国均未有任何高校排名在全球前 1 000 名中。

中东国家中，沙特阿拉伯有 8 所，最高学府为法赫德国王石油矿产大学（King Fahd University of Petroleum and Minerals，全球第 189 位）和阿卜杜勒阿齐兹国王大学（King Abdulaziz University，全球第 231 位）；伊朗有 6 所，最高学府为谢里夫理工大学（Sharif University of Technology，全球第 432 位）；土耳其有 10 所，最高学府为科克大学（Koç Üniversitesi，全球第 448 位）和肯特大学（Bilkent University，全球第 456 位）；阿联酋有 8 所，以哈里发大学为榜首（Khalifa University，全球第 315 位），阿联酋大学紧随其后（United Arab Emirates University，全球第 350 位）；以色列有 6 所，最佳排名为耶路撒冷希伯来大学（The Hebrew University of Jerusalem，全球第 154 位）；伊拉克的巴格达大学（University of Baghdad，排名介于 651 至 700 名之间）等 4 所大学也在全球前 1 000 强之列，而阿富汗、叙利亚等国家则没有高校位列其中。

东欧地区，俄罗斯拥有数量最多的全球前 1 000 强高校，共 27 所，最靠前的是罗蒙诺索夫莫斯科国立大学（Lomonosov Moscow State University，全球第 90 位）；波兰有 14 所，最靠前的是华沙大学（University of Warsaw，全球第 394 位）；匈牙利有 6 所，最靠前的是塞格德大学（University of Szeged，全球第 470 位）；乌克兰有 6 所，最靠前的是卡拉津哈尔科夫国立大学（Karazin Kharkiv National Univeristy，全球第 481 位）。

非洲共有 17 所高校进入 1 000 强，其中南非有 9 所，最高排名为开普敦大学（University of Cape Town，全球第 200 位），埃及有 6 所，最高排名为美国开罗大学（The American University in Cairo，全球第 420 位），摩洛哥有 1 所，为艾尔阿卡温大学（Al Akhawayn University Ifrane，全球排名介于 801 至 1 000 名之间），肯尼亚有 1 所，即内罗毕大学（University of Nairobi，全球排名介于 801 至 1 000 名之间）。

QS 世界大学排行榜依据指标包括学术同行评价、全球雇主评价、论文引用数量、师生比、国际学生比例以及国际教师比例等六大方面。仅从全球高校前 1 000 名这一指标来看，东亚地区高等学校的数量要远高于“一带一路”沿线的其他地区，如中国、日本等国家的数量均在 40 所以上，韩国也有 30 所跻身其中，因此这一描述性统计初步呈现出“一带一路”高等教育中心在东亚的格局。

二、“一带一路”沿线国家高等教育机构优势领域格局

“一带一路”沿线国家数量众多，正如各国的产业结构和经济优势不尽相同一样，各国高等教育的优势领域也各有所长。有些国家虽然整体经济情况在全球经济总量中并不耀眼，但某些特定产业却是国际竞争者中的佼佼者，如印度的软件产业。与之类似，有些高校虽然综合排名并不靠前，但某些学科的排名却是遥遥领先，如香港教育大学的教育学专业。因此，除了审视各国高等教育机构的综合排名之外，从学科领域的角度来检视各高校的排名情

况，有助于我们对“一带一路”沿线高校的具体实力进行更加深刻的洞悉和把握，从而为更加精准地开展国际与校际高等教育合作提供借鉴与指导。

QS世界大学排行榜按照领域划分，可分为艺术与人文、社会科学与管理、自然科学、工程与技术、生命科学与医学等五大门类。每一个门类下又包括许多更加详细的具体学科，如艺术与人文这一门类下会包括英语语言与文学、表演艺术、神学与宗教研究等具体学科。QS世界大学排行榜网站显示，艺术与人文门类下包括11个具体学科，社会科学与管理门类下包括15个具体学科，自然科学门类下包括7个具体学科，工程与技术门类下包括6个具体学科，生命科学与医学门类下包括9个具体学科。鉴于篇幅关系，在本章中对所有48个具体学科开展国别分析是不现实的，因此仅对“一带一路”沿线国家的高校在五大门类层面的发展现状开展研究，以探析各国高等教育机构的优势领域格局。

（一）“一带一路”沿线国家工程与技术领域优势格局

东南亚和南亚地区的工程技术龙头国家当属新加坡，新加坡多年来连续位列各类国际发展排名和创新力排名的榜首，其高等学府在工程与技术领域的排名中也遥遥领先于其他国家的高等教育机构。QS世界大学排行榜2019的工程与技术领域中，新加坡南洋理工大学和新加坡国立大学分别位列全球第5位和第7位，不仅成为东南亚之首，也更是亚洲最强。新加坡管理大学虽然较前两所大学排名靠后，但也位列全球工科院校500强。马来西亚共有13所大学位列全球工科院校500强，马来西亚大学亦是东南亚地区的一所优势工科院校，排在全球第22位。泰国则有7所这样的高校，以朱拉隆功大学（Chulalongkorn University）为首，位列全球第140位。南亚地区的印度共占据11所，最强的是印度理工学院德里分校（Indian Institute of Technology Delhi），位列全球第64位。印度尼西亚共占据3所，以万隆理工学院（Bandung Institute of Technology）为本国之首，位列全球第169位。巴基斯坦则有5所，其中伊斯兰堡国立科技大学（National University of Sciences and Technology Islamabad）在本国排名第一，位列全球第279位。柬埔寨与缅甸则尚未有高校跻身500强。

中东国家之中，以色列有5所高校跻身全球工科院校500强，其中以以色列理工学院（Technion-Israel Institute of Technology）最强，位列全球第198

位。沙特阿拉伯共有4所500强学校，最靠前的是法赫德国王石油矿产大学（King Fahd University of Petroleum and Minerals），排名第160位。伊朗唯一一所挺进前500名的是谢里夫理工大学（Sharif University of Technology），介于全球451至500名之间。土耳其则有5所这样的高等学府，其中以中东工业大学（Middle East Technical University）为最强。叙利亚、阿联酋则均未有全球500强工科高校出现。

不幸的是，中亚地区的5个国家未有任何一所高校跻身全球工科前500名。

而在东欧，波兰有4所院校位于全球工科院校500强之列，以华沙技术大学（Warsaw University of Technology）为首，位列第206位。俄罗斯则更多，共有12所，依然以罗蒙诺索夫莫斯科国立大学（Lomonosov Moscow State University）为冠，位列全球工科院校500强第76位。匈牙利唯一一所位于全球工科院校500之列的院校是布达佩斯科技经济大学（Budapest University of Technology and Economics），位于第401至450位之间。乌克兰则未有500强工科高校涌现。

非洲整体共有8所高校跻身全球工科院校500强，其中埃及和南非各4所，埃及的开罗大学（Cairo University）是非洲最好的工程技术院校，位列第231位，其次是南非的开普敦大学（University of Cape Town），位列第298位。

东亚地区的全球工科院校500强院校中，中国香港地区占6所，中国内地占36所，中国台湾地区占14所，日本占17所，韩国占21所，其中东京大学（University of Tokyo）和清华大学（Tsinghua University）分别位列全球第8位和第10位。

（二）“一带一路”沿线国家自然科学领域优势格局

在东南亚国家的高校中，自然科学领域龙头依然在新加坡。新加坡国立大学以全球第12名以及南洋理工大学以全球第19名的高位胜出其他学校而遥遥领先。与工程与技术领域不同的是，马来西亚大学的自然科学领域虽然在东南亚地区依然数一数二，但其全球排名已在百名之后，即141名。而泰国也有一所高校跻身全球自然科学高校500强，即朱拉隆功大学（Chulalongkorn University），位列全球第266位。印度尼西亚、缅甸、柬埔寨、越南均无高校位于全球自然科学高校500强。

南亚地区，印度有11所高校在自然科学领域颇有建树，以印度科学研究院（Indian Institute of Science）为最强，位列全球第136位。巴基斯坦唯一一所跻身全球自然科学高校500强的高校是真纳大学（Quaid-i-Azam University），排名位于401至450名之间。相比工程与技术领域而言，南亚国家在自然科学领域的建树彼此之间实力较为悬殊。

而中亚国家在自然科学领域和与工程技术领域一样面临着窘境，没有一所中亚的高校跻身全球自然科学高校500强。

中东国家依然有实力较强的此类高校，如沙特阿拉伯的4所高校、以色列的5所高校、土耳其的4所高校均位于500强之列，但500强高校在叙利亚、伊朗和阿联酋儿国中并不存在。

东欧数国中，波兰占据7所500强高校，依然以著名的华沙大学为榜首（University of Warsaw），位列全球第167位。俄罗斯则有10所此类高校，其中罗蒙诺索夫莫斯科国立大学（Lomonosov Moscow State University）在全球各高校中属于佼佼者，高居第18位。而匈牙利的此类大学有3所，乌克兰则并没有这样的高校。

非洲国家跻身全球自然科学高校500强的高校一共有6所，其中5所在南非，仍以开普敦大学（University of Cape Town）为首，位列全球第191位。还有一所在埃及，即开罗大学（Cairo University），位列全球第400位。

东亚地区在自然科学领域仍然领先于其他各地区，以东京大学为首，位列全球第8位，其次是北京大学和清华大学，分别位列第14位和第16位。

（三）“一带一路”沿线国家生命科学与医学领域优势格局

生命科学与医学是21世纪最重要的领域之一。根据2019 QS世界大学排行榜，亚洲地区生命科学与医学领域的前10强高校分别是日本东京大学（全球排名第20）、新加坡国立大学（全球排名第22）、韩国首尔国立大学（全球排名第37）、中国香港地区的香港大学（全球排名第40）、日本京都大学（全球排名第47）、北京大学（全球排名第59）、中国台湾地区的台湾大学（全球排名第61）、中国香港地区的香港中文大学（全球排名第71）、日本大坂大学（全球排名第82）和复旦大学（全球排名93）。亚洲前十名也刚好是这一领域世界前100名中的亚洲所有学校。

生命科学与医学的全球500强高校在东南亚地区还有泰国玛希隆大学

（Mahidol University）等6所高校、新加坡的南洋理工大学（全球排名第130）、马来西亚大学（全球排名第154）等5所高校、印度尼西亚大学（全球排名介于第451名至第500名之间）、菲律宾大学（全球排名介于第451名至第500名之间）等院校。缅甸、柬埔寨则没有大学跻身全球500强。在南亚地区有印度的德里大学（University of Delhi，全球排名介于第451名至第500名之间）、巴基斯坦的阿加汗大学（Aga Khan University）。总体来看，生命科学与医学领域的优势高校在南亚地区屈指可数。

与其他领域一样，中亚地区仍然没有高校跻身生命科学与医学领域的全球500强之列。

而中东国家中，沙特阿拉伯的沙特国王大学（King Saud University，全球排名第226）、阿卜杜勒阿齐兹国王大学（King Abdulaziz University，全球排名第280）和阿卜杜勒阿齐兹国王科技大学（King Abdulaziz University of Science and Technology，全球排名介于第451名至第500名之间）3所高校跻身全球500强，还有伊朗的德黑兰医科大学（Tehran University of Medical Sciences，全球排名介于第401名至第450名之间）、土耳其的伊斯坦布尔大学（Istanbul University，全球排名341）和哈斯特帕大学（Hacettepe University，全球排名第351）等高校。

东欧地区的此类高校在波兰有1所，即雅盖隆大学（Jagiellonian University，全球排名第380），在匈牙利有4所，最好的是赛梅维什医科大学（Semmelweis University，全球排名第254）。而俄罗斯和乌克兰没有大学进入500强的这一领域。

非洲地区的500强高校中以南非的开普敦大学为最佳（全球排名第88），另外还有4所南非的其他高校、埃及的开罗大学（全球排名第239）等三所高校和乌干达的马凯雷雷大学（Makerere University）。

（四）“一带一路”沿线国家社会科学与管理领域优势格局

高等教育间的交流不仅旨在提升本国的科学技术硬实力，也应通过社会科学和人文艺术学科的交流来加强文化间的理解，尤其在21世纪的今天，管理类人才、社会科学类人才对于企业管理、社会治理等方面的重要性不言而喻，从某种意义上说与科学技术的突破同等重要。

社会科学与管理领域的全球500强高校中，整个亚洲地区以新加坡国立大学（全球排名第 7）、香港大学（全球排名第 10）、东京大学（全球排名第 13）、首尔国立大学（全球排名第 21）、香港科技大学（全球排名第 24）、香港中文大学（全球排名第 25）、北京大学（全球排名第 26）、新加坡南洋理工大学（全球排名第 29）、韩国高丽大学（Korea University，全球排名第 32）及中国台湾地区的台湾大学（全球排名第 37）为前 10 名。

东南亚及南亚地区的 500 强社科管理类优势高校还包括新加坡管理大学（Singapore Management University，全球排名第 77）、马来西亚大学（全球排名第 45）等 12 所大学、泰国朱拉隆功大学（Chulalongkorn University，全球排名第 139）等 5 所高校、印度尼西亚大学（University of Indonesia，全球排名第 218）等 3 所高校以及印度理工学院孟买分校（Indian institute of Technology Bombay，全球排名第 277）等 11 所高校。柬埔寨、缅甸、巴基斯坦则没有相应高校跻身全球 500 强。

中亚地区依然没有任何高校属于全球社科管理类高校 500 强。

中东国家则有沙特阿拉伯沙特国王大学（King Saud University，全球排名第 368）等 3 所高校、土耳其中东技术大学（Middle East Technical University，全球排名第 333）等 4 所高校以及阿联酋的美国沙迦大学（American University of Sharjah，全球排名介于第 401 名至第 450 名之间）。

东欧国家中波兰的华沙大学（University of Warsaw，全球排名第 277）等 3 所高校、俄罗斯的罗蒙诺索夫莫斯科国立大学（Lomonosov Moscow State University，全球排名第 60）、匈牙利的中欧大学（Central European University，全球排名第 202）跻身全球社科管理类高校 500 强，而乌克兰则未有此类学校上榜。

非洲国家依然以南非的高校占压倒性态势，其中南非有开普敦大学（全球排名第 110）等 6 所大学上榜，埃及有开罗美国大学（American University in Cairo，全球排名第 385）及开罗大学（全球排名第 392）两所学校位列前 500 强。

（五）“一带一路”沿线国家艺术与人文领域优势格局

艺术与人文学科领域在亚洲各国高校中，以东京大学（全球排名第 8）、香港大学（全球排名第 18）、新加坡国立大学（全球排名并列第 18）、首尔国立大学（全球排名第 25）和香港中文大学（全球排名第 29）为顶尖五强。

艺术与人文领域高校世界500强中，东南亚和南亚地区还包括新加坡南洋理工大学（全球排名第61）、泰国3所高校、马来西亚9所高校、印度尼西亚1所高校和印度的5所高校，柬埔寨、缅甸、巴基斯坦未有高校进入。

哈萨克斯坦国立大学（Al-farabi Kazakh National University）是中亚五国中唯一一所在艺术与人文领域中跻身全球500强的高等院校，全球排名第301。

而中东地区有沙特国王大学（全球排名介于第451名至500名之间）、土耳其博阿齐奇大学（Bogazici University，全球排名第344）等4所大学位列。伊朗、阿联酋未有大学上榜。

东欧国家中波兰有华沙大学（全球排名第188）、加格罗林大学（Jagiellonian University，全球排名第214）两所高校，俄罗斯有8所高校、匈牙利有4所高校跻身前500名，乌克兰并无高校进入。

非洲国家的情况与社会科学与管理领域类似，包括南非开普敦大学（全球排名第126）等6所大学和开罗美国大学（American University in Cairo，全球排名第289）及开罗大学（全球排名第349）等两所大学。

纵观“一带一路”沿线各国高等教育的整体实力和各领域实力情况，可以看出，东亚国家和地区高等教育机构占据领先地位，其次是东南亚和东欧地区，再次是南亚、中东地区。东欧地区与中东地区位列全球500强的高等教育机构数量相当，但东欧地区有关国家的整体排名要高于中东国家。相比之下，东南亚地区的柬埔寨和缅甸、中亚五国以及非洲除南非和埃及之外的其他国家的高等教育均需大力提高。

三、“一带一路”沿线国家21世纪高等教育发展路径

“一带一路”沿线不同区域国家的高等教育发展水平差异巨大，这源于各国过去的高等教育发展战略及发展路径的不同。过去20年间，高等教育的整体规模在“一带一路”沿线的不同区域均有所增加，但各国发展高等教育措施的系统性则有所差异。

在东亚地区，发展高等教育被许多国家视为整体发展战略之一。高等教育系统在过去的20余年间经历了巨大的扩张，既是更多适龄人口对高等教育集中需求的体现，也是这一地区高等教育系统在深度国际化的进程中不断提

升质量的内在要求，亦是基于人们对高等教育研究在经济发展中所扮演的重要角色的认知。东亚各发达经济体也在新时期纷纷制定了相应的高等教育发展战略，如日本在21世纪初便颁布了《21世纪教育新生计划》，并将2001年定为教育新生元年[①]，其中高等教育改革成为教育改革的重点。日本出台了一系列促进高等教育改革的国家计划，如“卓越工程”计划、远山计划、21世纪COE计划等，从21世纪初期就旨在通过各项战略计划的实施打造世界一流大学。以《21世纪教育新生计划》为例，其中关于高等教育发展的战略措施就十分丰富，包括推进大学考试方式多样化、促进各类高等教育机构建立完善实习制度、大力加强信息化基础建设、引入科研补助费等竞争性资金、加强教学与研究的基础设施建设、加强科研保障支持体系建设、推动产业界—学术界—政府三者之间的密切合作、扩充奖学金、改善和加强留学生接收机制、重点支持世界一流的教育科研基地等一系列措施多管齐下，并配之以相关的经费保障[②]。中国作为快速发展的发展中国家，自1999年实施大学扩招以来，多年来政府对高等教育的投入也不断加大，并相继出台《国家中长期教育改革和发展规划纲要（2010—2020年）》《关于全面提高高等教育质量的若干意见》《统筹推进世界一流大学和一流学科建设总体方案》等重要政策文件，以期优化高等教育资源分配，促进高校内涵发展。总体而言，东亚国家发展高等教育的策略是全方位、深层次的，不仅有多方面的发展布局和规划，同时也配套了足够的资金予以支持。亚洲开发银行的报告显示，日本、韩国的高等教育系统已经非常成熟，享有很高声誉，而中国建成了世界上最大的高等教育体系，同时仍在高速增长，其高等教育政策在区域内具有一定的影响力[③]。

南亚地区有关国家的情况要更加复杂。与东亚国家大力集中发展公立高等教育机构不同，南亚国家高等教育机构存在着公立与私立并立的态势格局，且私立院校的作用相当重要。如在印度，将近50%的高等教育机构是私立大

---

① 袁本涛：《教育新生：面向未来的日本高等教育改革》，《清华大学教育研究》2002年第2期。

② 汤术峰：《21世纪初发达国家高等教育战略规划比较研究——基于教育规划文本的分析》，湖南师范大学硕士学位论文，2012年。

③ 亚洲开发银行：“Higher Education across Asia—An Overview of Issues and Strategies”，2011年（https://www.adb.org/sites/default/files/publication/29407/higher-education-across-asia.pdf）。

学[①]，同时远程教育对印度高等教育所起的作用非常巨大。实际上，印度的私立教育发展由来已久，据统计，早在2002年，印度就有78.2%的工程和技术学院是私立院校，71.3%的医学院是私立院校[②]。今天印度的私立院校在整个高等学府数量中的比例稍有下降，但仍然十分庞大，从而使得印度也铸就了全世界最大规模之一的高等教育体系。私立高等教育的蓬勃发展在巴基斯坦和柬埔寨也十分明显，在柬埔寨，私立院校招收的学生从2006—2017学年的117 420人翻番到了2011—2012学年的245 329人[③]。私立院校自1997年被柬埔寨政府允许发展以来，发展速度十分迅猛。2012年，柬埔寨全国共有97所高等院校,其中仅有38所是公立院校[④]。巴基斯坦的大部分学生也就读于私立院校，主要原因是公立学校的普遍缺乏以及人们对现有公立院校质量的怀疑[⑤]。东南亚的印度尼西亚也是如此，印度尼西亚建立的绝大部分高等院校属于私立院校，据统计，印度尼西亚全国共有3 500所高等院校，其中仅有150所属于公立院校，其中98所由教育与文化部（Ministry of Education and Culture）领导,52所由宗教事务部（Ministry of Religious Affairs）领导[⑥]。南亚国家并非不愿意努力发展公立大学，各国也建立了相应的高等教育发展战略。如在印度，高等教育的趋势包括发起更多的政府倡议、建立更多的公私伙伴关系、加强国际合作、充分利用世界银行和儿童基金会等国际组织的更多优势资源等来发展本国公立高等教育。到2030年，印度高等教育预计将经历转型，如计划进一步发展具有差异化的大学体系，向更以学习者为中心的教育模式过渡，同时大力使用信息技术并改革治理结构。印度的主要目标之一是

① 亚洲开发银行：“Higher Education across Asia—An Overview of Issues and Strategies”，2011年（https://www.adb.org/sites/default/files/publication/29407/higher-education-across-asia.pdf）。

② Gautam，M.，Singh，S.，Fartyal，G.，Tiwari，A.，& Arya，K. S，“Education System in Modern India.” *International Journal of Scientific Research and Education.* Vol.4，No.1，2016.

③ You. V：“Higher Education System and Quality Improvement: The Case of Cambodia” .2012年亚太高等教育保障网络会议(Asia-Pacific Quality Network Conference on Quality Assurance in Higher Education)，2012年2月，暹粒，柬埔寨。

④ Vicheth，S.：“Cambodia’s Higher Education Structure and the Implications of the 2015 ASEAN Economic Community”（https://www.researchgate.net/publication/314831374_Cambodia's_Higher_Education_Structure_and_the_Implications_of_the_2015_ASEAN_Economic_Community）。

⑤ Rashid. D. K.，& Mukhtar.S.，“Education in Pakistan: Problems and their Solutions.” *International Journal of Academic Research in Business and Social Sciences.* Vol.2，No.11，2012.

⑥ Moeliodihardjo，B. Y.：“Higher education sector in Indonesia”，2017年（https://www.britishcouncil.in/sites/default/files/indonesian_higher_education_system.pdf）。

打造三级高等教育结构，即整个高等教育体系要由顶尖的精品研究型大学、中间层次的综合性大学和专业化机构以及最底层的一批高质量学院构成。其中最高的一层专门为大力促进印度的智力资本而建立，但中间层次和底层结构则分别侧重于提供经济和社会价值[①]。在印度尼西亚，政府则确定了发展高等教育的 3 个主要优先事项：提高公平性和入学率，提高教学质量和相关性，以及加强管理和问责制。

而中亚五国自苏联解体后，其高等教育的发展则主要体现于基本设施和基本制度框架的逐渐完善，但由于中亚五国宣布独立的时间都还比较短，与东亚和南亚的发达经济体相比，中亚的高等教育发展总体而言还处于初级起步阶段。如在塔吉克斯坦，高等院校的数量有所增长，但也仅仅从 1991 年的 13 个增加到 2013 年的 34 个[②]。2001 年，塔吉克斯坦刚刚正式允许通过面试招收女性学生，因而其高等教育总人数的扩大很大程度上得益于对女生的准入。当然，该国采取了建立学生贷款制度、引入国际奖学金和对相关硬件设施的投资等措施来发展基础设施和建立基本制度。政府为高等教育设定了到 2020 的总体目标，包括按照《布隆斯基宣言》完成教育模式的转变，开展新一代教育标准的研发活动，推动研发活动，确保将信息技术充分引入高等教育界。而在吉尔吉斯斯坦，政府致力于通过完善学制框架等基本框架发展教育，并参照博洛尼亚进程使高等教育结构逐步向三级（学士、硕士和博士）体系过渡，并努力参照邻近的欧洲国家的标准，建立符合欧洲质量标准的质量保证体系。而在乌兹别克斯坦，虽然政府对高等教育的经费投入一度大幅度削减，但依然建设了“现代技术与信息基地”[③]，以更新全国基础设施建设和学校的设备，如兴建、改建、修缮教学楼和学生宿舍。高等教育设施几乎全部都属于国有资产，但与苏联时期相比，乌兹别克斯坦的高校拥有了更多的自主管理权[④]。值得一提的是，中亚国家对欧洲高等教育质量的标准非常认可，并极力

① Ernst & Young，“Higher Education in India: Vision 2030”，2013 年（https://www.ey.com/Publication/vwLUAssets/Higher-education-in-India-Vision-2030/$FILE/EY-Higher-education-in-India-Vision-2030.pdf）。

② 亚洲开发银行：“Assessment of Higher Education: Tajikistan”，2015 年（https://www.adb.org/sites/default/files/institutional-document/175952/higher-education-taj.pdf）。

③ UNESCO. *Education for All* 2015 *National Review Report: Uzbekistan*. Tashkent，Uzbekistan: UNESCO Tashkent Office，2015.

④ Kholmuminov，S.，Kholmuminov，S.，& Wright，R. E.，“Resource dependence theory analysis of higher education institutions in Uzbekistan.” *Higher Education*，Vol 77，2018.

以此来引领本国高等教育的本土建设和国际化建设。如哈萨克斯坦不但是中亚五国中第一个加入“里斯本互认协议”（Lisbon Recognition Convention）的国家，更于近年来实施了不少借鉴西方高等教育标准及与西方国家开展合作的项目，包括“前往欧洲”（Path to Europe）、“智力国家”（Intellectual Nation）和加入“欧洲学分转换体系”（European Credit Transfer System）、“坦普斯计划”（Tempus Program）和“伊拉斯谟项目”（Erasmus Mundus）[①]。同样，吉尔吉斯斯坦为了实施博洛尼亚进程以建立三级学术体系，也在 2013 年通过了《教育法》修正案，其中也涉及认证的各个方面，例如引入独立的认证机构，建立不同高等教育办学主体的互认制度和建立针对高等教育机构本身的认证程序。

中东国家由于坐拥丰富的油气资源和拥有较高的人均收入，长期处于较高的经济发展水平。在过去数十年间，中东国家虽然历经动荡，但总体而言人口仍然剧烈增长，同时对高等教育的需求也不断增加，客观上推动了本地区高等教育规模上的大发展。如阿联酋 1970 年接受高等教育的人口比例仅为 1.3%，这一比例在 2009 年则达到了 30%[②]。2010 年，阿联酋教育部为本国教育设立了至 2020 年的十大战略目标，分别是提高课程质量、提高教学质量、普及中小学教育并减少辍学率、改善学习环境、开展多样化的评价方式、确保公立教育和私立教育都能被负担得起、促进学生的国家认同、引导社会关注教育，以及改善行政效率[③]。而土耳其在过去 20 年间的发展也包括多项战略的同时实施，如扩增大学数量（从 2007 年的 115 所增加到 2012 年的 168 所）、改革大学考试方式以及根据博洛尼亚进程和里斯本协议的要求来重构本国的国家资格证书体系[④]。2009 年，土耳其开始实施“信息化国家项目”（e-State Project），旨在通过加强信息化建设来增加老师、学生、家长、行政人员等高等教育各方主体间的教育信息共享。值得一提的是，与中亚国家类

---

① EACEA (Education, Audiovisual and Culture Executive Agency), *Higher Education in Kazakhstan*, Almaty, Kazakhstan: National Tempus Office, Kazakhstan, 2012.

② 阿联酋王储法院.（https://www.cpc.gov.ae/SiteCollectionDocuments/40%20years%20book%20English.pdf）。

③ 阿联酋教育部：《2010—2020 年教育战略》（https://www.moe.gov.ae/Arabic/Docs/MOE%20_Strategy.pdf）。

④ 国际经济与合作组织：《Education Policy Outlook: Turkey》，2013 年（http://www.oecd.org/education/education%20policy%20outlook%20turkey_en.pdf）。

似，允许女性入学在中东国家也是一件历史上的大事，过去数十年间中东国家高等教育入学人数激增的原因也包括大量女性对读大学的渴求。

苏联解体对东欧国家高等教育的发展产生不小的冲击，即便是俄罗斯这样庞大的经济体，其高等教育也无法不受影响。苏联解体对东欧国家高等教育的冲击主要体现在高等教育管理权从先前的集中统一变得分散，从而导致政府对高等教育系统的投入大幅度减少，进而影响到本地区高等教育发展进程和质量。21 世纪已经过去近 20 年，但直至 2013 年俄罗斯总统普京才正式宣布，俄罗斯将启动“5-100 工程”，其目标是要让参与这一工程项目的数十所高校有至少 5 所跻身全球前 100 名。“5-100 工程”是俄罗斯重新加强政府对高等教育的集中支持的重要措施，旨在通过促进高校管理改革、重新加强教学与科研的联系以及加强国际化等多重手段来促进俄罗斯顶尖高校的全球排名。同时，为满足日益增长的高等教育需求，鉴于政府经费的缩减和相对有限，俄罗斯在过去 20 年间也大力发展私立大学，俄罗斯境内大约有 300 所政府认可的私立高等院校，但私立大学的学费普遍较高，莫斯科的私立大学学费每年大约在 10 000 美元的价位①，排除了大多数普通家庭的选择。但私立大学的教育质量往往更能得到认可，这一现状客观上拉大了富裕家庭和普通家庭的学生接受高等教育质量的差距。而在波兰，自苏联解体后政府的确非常努力地来扩大高等教育的规模，但波兰的大学在过去 20 余年注重教学而轻视科研的现象非常明显，从而导致波兰的高校在全球认可度较低②。“Science, Research and Innovation Performance of the EU 2016”这一报告指出，欧洲积极参加并成为国际科学网络成员的国家包括匈牙利、比利时、瑞典和丹麦，但波兰、罗马尼亚、克罗地亚和拉脱维亚等国家的参与度较低，其文献发表往往只面向国内学界③。

非洲多国在 20 世纪 80 年代开始将主要的资金重投于基础教育而非高等教育，因此非洲的大学在 21 世纪之前都处于发展非常困难的境地。自 21 世纪起，非洲国家重新认识到了高等教育对经济发展和解决严重社会问题的重要作用，非洲的大学较之前重新获取了其在整个教育系统中的中心地位，得到了政府和社会重新的高度重视，并在规模和类型上都得到了较大的发展。

① 世界大学信息（https://www.universityworldnews.com/post.php?story=20100915155906904）。

② 世界大学信息（https://www.universityworldnews.com/post.php?story=20100915155906904）。

③ 欧洲委员会（https://rio.jrc.ec.europa.eu/en/library/science-research-and-innovationperformance-eu-2016）。

非洲国家高等教育的发展也受到了全球化的巨大影响，例如高等教育的国际化影响着非洲国家高等教育的活动、政策和规划。2003 年以来，多个非洲国家的部长们在南非共同开会之后认为，非洲各国应该有所行动，通过紧密合作来切实提升各国高等教育的质量，尤其是科学教育的质量。2008 年，响应这一理念，非盟认为应当建立一个泛非洲大学联盟（Pan-Africa University Union），该联盟最终于 2011 年正式成立。这一举措被视为非洲国家提升本国科研创新的第一步，同时也旨在进一步提升非洲国家高等教育的全球地位。当然，和其他许多地区一样，非洲的大学依然面临着许多严峻的问题需要解决，将在本章后续部分继续论述。

四、“一带一路”国家高等教育基本资料一览

21 世纪以来，“一带一路”沿线国家均通过不同的方式努力发展本国的高等教育。但鉴于发展路径不同和各国实际国情不同，从比较的角度来看，“一带一路”国家在高等教育完成率、高等教育招生率、政府对高等教育的投入以及国际化程度等指标方面差异仍然巨大。值得一提的是，这类指标与大学的全球排名并不相同。大学的全球排名体现的是高校本身的教育科研实力，而本节中着眼的一些指标则更能体现教育与人口、政府、国家之间的关系。

高等教育毛入学率（Gross Enrollment Ratio of Tertiary Education）是指接受高等教育的在学人数与适龄人口的比值，所谓适龄人口即指从中学毕业算起 5 年之内的人口，通常指 18~22 岁这个年龄段的人口数。根据教育社会学家马丁·特罗（Martin Trow）的理论，一个国家的高等教育毛入学率在 15% 以下时，说明这个国家处于高等教育精英化阶段（elite higher education），在 15% 到 50% 之间时，说明这个国家处于高等教育大众化阶段（mass higher education），高于 50% 时，则说明这个国家已经处于高等教育普及化阶段（universal higher education）。从图 4-1 可以看出，“一带一路”沿线有关国家中，几乎每个国家的高等教育毛入学率自 21 世纪以来都处于不断增长的趋势。截至 2013 年，大部分国家的高等教育入学率均在 15%~50% 之间，即处于高等教育大众化阶段。其中，南亚地区的印度为 23.89%，东南亚地区的印度尼西亚为 31.29%，中亚地区的塔吉克斯坦为 22.64%，吉尔吉斯斯坦为 45.92%，中东地区的叙利亚为 32.98%，阿联酋为 19.19%，非洲的埃及为

30.32%，南非为 19.66%。此外，还有一部分国家的高等教育已经处于普及化阶段，如中亚地区的哈萨克斯坦为 50.13%，中东地区的沙特阿拉伯为 54.88%，伊朗为 57.85%，而土耳其和东欧数国的毛入学率高达将近 80%，高过日本和中国香港地区等参考性地区。当然，“一带一路”沿线国家中仍有高等教育仍处于精英化阶段的国家，如巴基斯坦（10.37%）、柬埔寨（14.06%，2010 年）、缅甸（13.53%，2012 年）、肯尼亚（4.05%，2009 年）等。

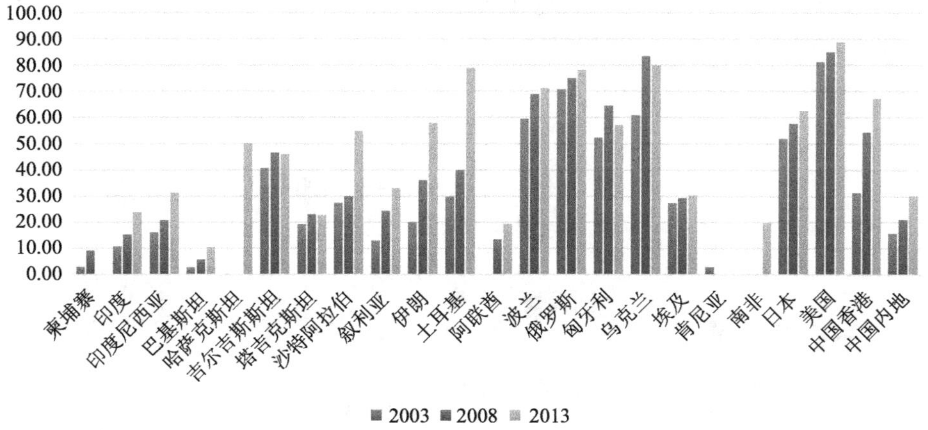

图 4-1 “一带一路”沿线有关国家或地区高等教育毛入学率

来源：https：//ourworldindata.org/tertiary-education

高等教育完成率（Share of the Population with Completed Tertiary Education）指的是获得高等教育学位的人口占全国总人口的比例，通常的计算对象是 15 岁以上的适龄人员。从世界银行教育统计有关资料中抽取有关“一带一路”沿线国家的资料来看（图 4-2），与毛入学率类似，几乎每个国家的高等教育完成率在 2000 年、2005 年和 2010 年的时间推进中都在不断增长，只有巴基斯坦、阿联酋和南非略有下降。2010 年，南亚和东南亚的发展中国家中，巴基斯坦、印度与缅甸的高等教育完成率均在 5% 左右，高于印度尼西亚的 3.73%，更远高于柬埔寨的 1.32%。中亚国家中，哈萨克斯坦和吉尔吉斯斯坦的高等教育完成率远高于前述国家，在 2010 年分别达到了 14.3% 和 9%，塔吉克斯坦则较低，仅有 3.74%。中东地区的几个样本国家中，高等教育完成率以伊朗的 14.66% 最为明显，其次是阿联酋，在 9% 左右，再次是沙特阿拉伯和土耳其，均在 6% 左右，比例最低的是叙利亚，其高等教育完成率是 2.55%。东欧国家中，俄罗斯和乌克兰的高等教育完成率相当且凸显，均为 25% 左右。匈牙利其次，约为 15%，再次是波兰的 11.37%。非洲国家的完成率普遍较低，2010 年埃及的高等教育完成率为 6.65%，肯尼亚为 3.4%，南非则不到 1%。可以看出，整个“一带一路”沿线国家中，东欧地区的俄罗斯和乌克兰的高等教育完成率最高。事实上，2010 年这两个国家的高等教育完成率高于参考国家日本（18.91%）和中国香港地区（15.22%），甚至要接近于美国（26.76%）。

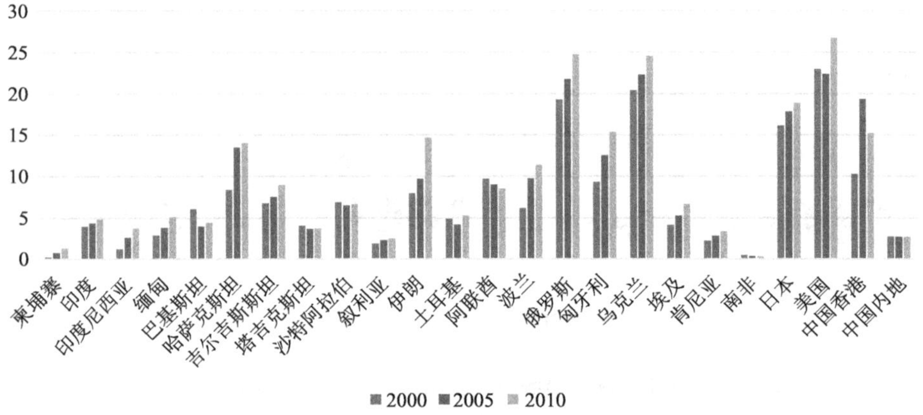

图 4-2　“一带一路”沿线有关国家或地区高等教育完成率（15 岁以上适龄人口）

来源：https：//ourworldindata.org/tertiary-education

政府的资金投入是衡量一国对某个阶段教育领域重视情况的重要指标，往往许多国家高等教育的相对落后归根到底都是财政投入的缺失。各国往往会将 4% 作为一个标准来衡量整个教育经费的投入占 GDP 的比例，但 4% 指的是包括学前教育、基础教育和高等教育各层级的教育经费总体。在高等教育领域，虽然尚未有一个公认的比例作为衡量标准，但各国也都尽力在不断加强对高等教育的财政投入力度。政府对高等教育支出的力度往往用支出经费与总 GDP 的比值加以衡量，当然政府的投放对象是公立高等院校。从图 4-3 可以看出，“一带一路”沿线的样本国家中，高等教育经费投入比例最高的是乌克兰，在 2012 年达到了 2.13%，最低的是柬埔寨，仅为 0.07%。大部分国家的政府投入比例不到 1%，少数国家或地区的投入比例略高于 1%。从

2001年、2004年、2008年和2012年4个时间点的比较来看，几乎各国高等教育经费投入占本国GDP的比例都在不断升高，除少数国家和地区略有下降，如匈牙利和中国香港地区。

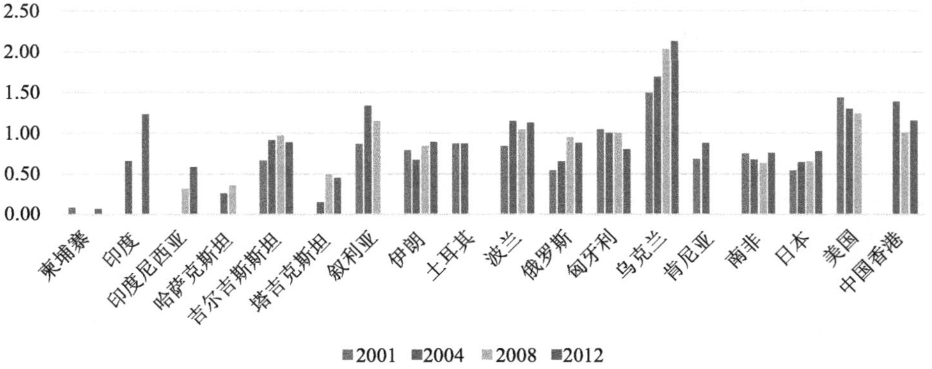

图4-3　“一带一路”沿线有关国家/地区政府对高等教育的经费投入占本国/地区GDP的比例

来源：https：//ourworldindata.org/tertiary-education

而在全球化的背景下，高等教育国际化几乎是所有国家发展本国高等教育的一条共同路径，签订双边或多边协议，派遣留学生出国留学和吸引具有影响力的国外高校到本国建立分校是各个国家促进本国高等教育国际化的主要手段。以中亚国家为例，中亚国家在诸如“伊拉斯谟项目”、“伊拉斯谟+”项目、“欧洲小区行动计划”等框架下大力开展学生国际化教育的交流，而学术工作人员则大多通过“坦普斯计划”（Tempus Program）和其他双边协议开展国际交流。当然，中亚国家的学生出境到其他国家学习的数量远超过外国留学生到当地学习的人数，欧洲和美国等发达地区和国家是中亚学生出国学习的主要目的地，近年来这一地区不仅也开始与一些东亚国家开展初步合作，更是大力引进海外国家到本土开设分校。如在乌兹别克斯坦，开设了分校的外国大学包括俄罗斯经济大学、总部设在伦敦的威斯敏斯特大学、莫斯科国立大学、俄罗斯石油天然气大学、新加坡管理发展学院、意大利都灵理工大学和新成立的韩国仁荷大学。吉尔吉斯斯坦则开设了中亚美国大学，颁发美国认证的人文科学学位。中东地区则更是投入巨资引入国际知名大学到本地开办分校。与国立大学不同，这些外国分校在管理入学考试和课程设计方面享有完全的自主权。根据有关研究，2017 年在本国境内设立外国分校数量排在前五位的国家以阿联酋为最多，而分校的母体国家最主要的是美国。当然，“一带一路”沿线也有许多国家在境外建立本国的海外分校，其中排在前四位的国家分别是俄罗斯、印度、马来西亚和中国①。图 4-4 显示了有关沿线国家学生出境留学的整体情况。

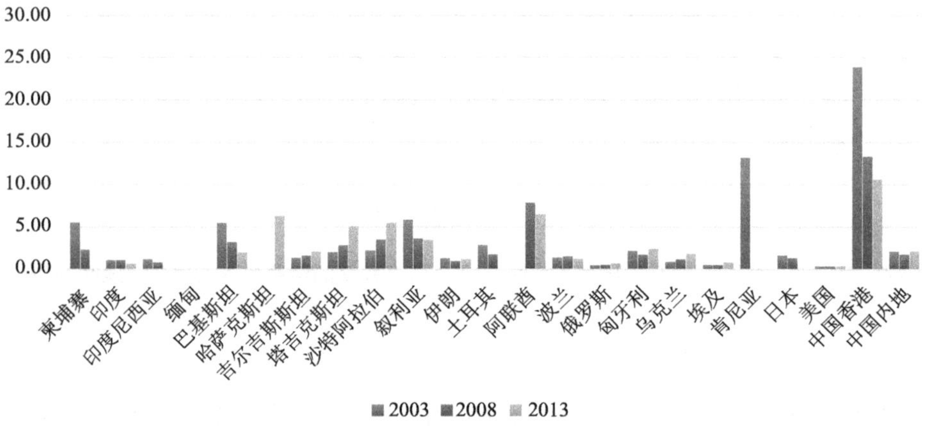

图 4-4 “一带一路”沿线有关国家学生出境留学人数占高等教育总人数的比例

来源：https：//ourworldindata.org/tertiary-education

五、“一带一路”沿线国家高等教育面临的挑战

过去 20 余年间，在全球化的推动下，各国高等教育系统总体上都实现了基础设施及基本框架的不断完善以及国际化的不断加深。但纵观“一带一路”沿线国家，除少数发达经济体各项指标均位居世界前列外，许多沿线国家在发展高等教育的进程中仍面临一些挑战。最主要的两大问题是高等教育政府经费投入不足，以及公立和私立院校并行发展下的质量危机②③。

---

① 张瑞芳：《“一带一路”沿线国家境内海外分校发展现状研究》，《世界教育信息》2017 年第 20 期。

② Altbach，P. G. “Reforming Higher Education in the Middle East—and Elsewhere”. *The International Imperative in Higher Education.* Sense Publishers: Rotterdam，2013，p. 33-36.

③ 亚洲开发银行：“Assessment of Higher Education: Tajikistan”，2015 年（https://www.adb.org/sites/default/files/institutional-document/175952/higher-education-taj.pdf）。

经费投入不足被很多国家的学者视为影响本国高等教育健康发展的根源。例如中亚国家研究成果的匮乏取决于许多因素，如现行的更重教学而轻视研究的工资制度，导致教师开展科研的兴趣普遍低落，同时这些国家由于经费投入不足，缺乏足够必要的硬件资源，如实验室和科学文献。如塔吉克斯坦每年为每名大学生的拨款额度仅有 215 美元，被认为极大限制了该国提供优质高等教育的能力[①]。又如在乌兹别克斯坦，虽然公立大学以及私立大学的学生都能基于成绩得到相应的每月津贴，但实际上只有 1/3 的学生津贴支出来自国家预算[②]。政府对于高等教育的控制程度很高，但往往由于经费有限甚至不得不削减开支，当涉及拨款的具体事项时，政府又不得不鼓励民间资本等多种资源形式进入高等教育。在南亚，印度私立大学雨后春笋般地涌现也是由于政府对高等教育开支不足。由于印度公立大学所获经费有限，因而很多重要的专业都由私立大学开设。虽然印度政府 21 世纪以来增加了对高等教育的总体投入（图 4-3），然而由于印度本身庞大的人口基数和庞大的青年人口数，印度还需要大幅度提高政府拨款才能满足需求。在印度尼西亚，政府对教育投入的不足是教育落后的四大原因之一[③]，有学者认为，印度尼西亚的大学由于政府经费投入相对不足，即便是精英大学也不得不开设短期培训课程等来增加额外的收益[④]。巴基斯坦 2014 年对高等教育的经费投入率仅占 GDP 的 0.55%[⑤]，而它对本国整个教育系统的投入占比也低于 2%[⑥]。巴基斯坦计划到 2025 年将对高等教育的投入占比提升到 1.4%，并大幅度扩招大学生[⑦]，这一目标仍需要时间来实现。在柬埔寨，经费投入不足的症结更为显著。根据世

① 亚洲开发银行：“Assessment of Higher Education: Tajikistan”，2015 年（https://www.adb.org/sites/default/files/institutional-document/175952/higher-education-taj.pdf）。

② World Bank. *Uzbekistan: Modernizing Tertiary Education. Report No* 88606-*UZ.* Washington D.C.: World Bank，2014 年。

③ Rosser，A.：“Beyond access: Making Indonesia’s education system work”，2018 年（https://think-asia.org/bitstream/handle/11540/8034/Rosser_Beyond%20access.pdf?sequence=1）。

④ Moeliodihardjo，B. Y.：“Higher education sector in Indonesia”，2017 年（https://www.britishcouncil.in/sites/default/files/indonesian_higher_education_system.pdf）。

⑤ https://ourworldindata.org/tertiary-education.

⑥ Ahmad，I.，Ur Rehman，K.，Ali，A.，Khan，I.，& Khan，F. A. “Critical Analysis of the Problems of Education in Pakistan: Possible Solutions”. *International Journal of Evaluation and Research in Education (IJERE)*，Vol.3，No.2，2014.

⑦ 巴基斯坦联邦教育和专业培训部：National Education Policy 2017（http://www.moent.gov.pk/userfiles1/file/National%20Educaiton%20Policy%202017.pdf）。

界银行的有关报告，柬埔寨的大学教师工资非常低，如果他们不在工作之余从事一份第二职业，如汽车司机、工人或者销售，则根本没有能力支撑一个家庭[①]。

此外，“一带一路”沿线各国的高等教育系统几乎都经历了较大的扩张，但由于各种原因，质量的下降成为各国高等教育面临的一个明显挑战[②]。例如，私立院校的快速发展使其在很多国家的高等教育系统中占据了半壁江山，但这些院校往往独立运转，课程和专业设置都不接受所在国政府部门的监督，因而在教育质量层面引起了部分担忧。例如在中东国家，在全球化和国际化的背景下，很多国家大力引入外国的海外分校到本土办学，但质量进步的幅度远远不及数量增多的幅度[③]。质量危机的一个明显的体现在于具有博士学位的高校教师和研究人员的数量还十分有限[④]，同时高校提供的课程内容与社会相对单一的经济结构和对人才的需求之间还有较大差距，因此也客观上造成了大量的失业人口。而在印度，如今 60% 以上的高等教育机构是私立机构，从而促成了印度高等教育规模的庞大[⑤]，印度尼西亚也是如此。由于私立院校的举办者在举办资质、教育理念以及利益考虑等方面差异巨大，因而私立院校虽然数量众多，但仅有一部分被视为有能力提供优质高等教育。在许多国家，大学课堂的教学方式仍然以让学生识记为主[⑥]，所教授的课程内容无法跟上技术和社会发展的前沿步伐[⑦]，要想实现全方位改革仍需要很多部门的共同努力。

---

① Soe. M. Z., Swe. A.M., Aye. N.K.M, & Mon. N.H.:Reform of the Education System: Case of Myanmar, 2017（https://www.pic.org.kh/images/2017Research/20170523%20Education_Reform_Myanmar_Eng.pdf）

② Altbach, P. G. “Reforming Higher Education in the Middle East—and Elsewhere.” *The International Imperative in Higher Education.* Sense Publishers: Rotterdam, 2013, p. 33-36.

③ Kamel, S. “Education in the Middle East: Challenges and opportunities.” *Business and Education in the Middle East.* Palgrave Macmillan, London, 2014, p. 99-130.

④ Altbach, P. G. “Reforming Higher Education in the Middle East—and Elsewhere”. *The International Imperative in Higher Education.* Sense Publishers: Rotterdam, 2013, p. 33-36.

⑤ Shaguri. O. R.：Higher Education in India: Access, Equity, Quality（http://www.ean-edu.org/assets/highereducationindiashaguri.pdf）.

⑥ Ahmad, I., Ur Rehman, K., Ali, A., Khan, I., & Khan, F. A. “Critical Analysis of the Problems of Education in Pakistan: Possible Solutions”. *International Journal of Evaluation and Research in Education (IJERE)*, Vol.3, No.2, 2014.

⑦ IIE (Institute of International Education)：Investing in the Future: Rebuilding Higher Education in Myanmar, 2013（themimu.info/sites/themimu.info/files/documents/Report_RebuildingHigherEducationInMyanmar_IIE_Apr13.pdf）.

除以上文献研究法之外，本章基于麦克斯·罗瑟（Max Roser）与埃斯特班·奥尔蒂斯-奥斯皮纳 Esteban Ortiz-Ospina 的全球高等教育有关数据的公开网址的数据对有关“一带一路”沿线国家的相关教育指标开展了量化分析，分析结果也进一步印证了以上基于文献所得出的总体结论。值得说明的是，Max Roser 与 Esteban Ortiz-Ospina 两位学者的网站[①]所获取的有关数据的源地址均来自联合国教科文统计研究院（UNESCO Institute of Statistics）和世界银行教育数据库（World Bank EdStats）两大权威国际组织，因此在用 SPSS 软件除去相应的缺失值后参与分析的数据具有真实性。由于一些国家的一些指标在某些年份有缺失，因此在具体分析某些指标的趋势和关系的过程中会运用数据处理软件 SPSS 将相应指标缺失的国家排除，而仅分析相关指针数据完整的国家。

着眼高等教育完成率（completion ratio），以 5 年为间隔，分析“一带一路”沿线国家进入 21 世纪以来的完成率的变化情况，通过数据分析得出，53 个沿线国家和地区整体在 2000 年、2005 年和 2010 年 3 个年份的高等教育完成率具有显著区别（F= 18.131，P=0.000），且 2010 年的完成率显著高于 2005 年，2005 年的完成率显著高于 2000 年（表 4-1）。

而关于高等教育毛入学率（gross enrollment ratio），排除缺失值后通过数据分析得出，38 个“一带一路”沿线国家和地区整体于 2001 年、2005 年、2010 年与 2013 年 4 个年份间的高等教育入学率亦有显著区别（F=31.217，P=6.000），且 2013 年的入学率显著高于 2010 年，2010 年显著高于 2005 年，2005 年显著高于 2001 年（表 4-2）。高等教育完成率和入学率的显著提高印证了“一带一路”沿线国家自 21 世纪以来高等教育规模确实在不断扩大的进程。

有趣的是，数据分析发现，“一带一路”沿线 14 个国家[②]政府对高等教育的支出在 2005 年、2010 年和 2013 年 3 个年份间并无显著区别（F= 1.468，P=0.249），这一发现恰好说明沿线国家和地区虽然高等教育整体规模不断扩大，但相应的经费保障却未能及时跟进跟紧，因而造成了如前文所提及的各种由于经费缺乏而产生的各类现实挑战。

然而，当我们将政府对高等教育支出、高等教育毛入学率和高等教育完

① https://ourworldindata.org/tertiary-education.

② 在这一指标上，无缺失值的国家（地区）包括：白俄罗斯、不丹、中国香港地区、伊朗、以色列、日本、吉尔吉斯斯坦、黎巴嫩、罗马尼亚、斯洛伐克、南非、塔吉克斯坦、泰国和乌克兰。

成率3个变量同时引入，通过回归分析以探求其之间的回归关系时，却发现2006年的高等教育入学率和2009年的政府对高等教育的支出皆对2010年高等教育完成率具有显著影响（P=0.023），且入学率和政府支出两者加起来一共能在49%的程度上解释毕业率（表4-3），从而说明，如要提高高等教育的学业完成率，除了扩大招生吸纳更多的学生进入大学之外，政府对高等教育的经费投入的确是实实在在不可缺少的重要一环。

表4-1 无缺失值的53个“一带一路”沿线国家和地区高等教育完成率在2000年、2005年、2010年三个年份的组队比较

53国或地区高等教育完成率均值年份差异			53国或地区高等教育完成率均值（%）		
均值差（%）		差异显著性（P值）	2000年	2005年	2010年
2010年与2000年	2.455*	0.000	6.625	7.770	9.079
2010年与2005年	1.309*	0.001			
2005年与2000年	1.145*	0.000			

* 无缺失值的国家（地区）包括：阿富汗、阿尔巴尼亚、亚美尼亚、孟加拉国、文莱、保加利亚、柬埔寨、中国内地、克罗地亚、塞浦路斯、捷克共和国、埃及、爱沙尼亚、中国香港地区、匈牙利、印度、印度尼西亚语、伊朗、伊拉克、以色列、日本、约旦、哈萨克斯坦、肯尼亚、科威特、吉尔吉斯斯坦、老挝、拉脱维亚、立陶宛、马来西亚、马尔代夫、缅甸、尼泊尔、巴基斯坦、菲律宾、波兰、卡塔尔、罗马尼亚、俄罗斯、沙特阿拉伯、塞尔维亚、新加坡、斯洛伐克、斯洛文尼亚、南非、叙利亚、塔吉克斯坦、泰国、土耳其、乌克兰、阿拉伯联合酋长国、越南、也门。

表4-2 无缺失值的32个“一带一路”沿线国家和地区高等教育毛入学率在2001年、2005年、2010年、2013年四个年份的组队比较

高等教育入学率均值年份差异			高等教育入学率均值（%）			
均值差（%）		差异显著性（P值）	2001年	2005年	2010年	2013年
2013年与2010年	2.945*	0.027	31.18	38.86	46.58	49.52
2013年与2005年	10.666*	0.000				
2013年与2001年	18.345*	0.000				
2010年与2005年	7.721*	0.000				
2010年与2001年	15.400*	0.000				
2005年与2001年	7.679*	0.000				

* 无缺失值的国家（地区）包括：阿尔巴尼亚、亚美尼亚、白俄罗斯、波斯尼亚和黑塞哥维那、文莱、保加利亚、中国、塞浦路斯、捷克共和国、埃及、爱沙尼亚、匈牙利、印度、印度尼西亚语、伊朗、日本、吉尔

吉斯斯坦、老挝、拉脱维亚、黎巴嫩、立陶宛、马其顿、马来西亚、尼泊尔、巴勒斯坦、菲律宾、波兰、卡塔尔、罗马尼亚、沙特阿拉伯、塞尔维亚、斯洛伐克。

表 4-3 无缺失值的 29 个“一带一路”沿线国家和地区[c]2006 年的高等教育毛入学率及 2009 年的高等教育支出对 2010 年的高等教育完成率具有显著影响

模型	*R* 值	*R* 平方值	调整过后的 *R* 平方值	变化统计值				
				R 平方值的变化	*F* 值的变化	自由度 1	自由度 2	*P* 值
1	0.640[a]	0.410	0.385	0.410	16.674	1	24	0.000
2	0.728[b]	.530	0.490	0.121	5.904	1	23	0.023

a. 预测变量：(常数)，2006 年的高等教育毛入学率。

b. 预测变量：(常数)，2006 年的高等教育毛入学率，2009 年政府对高等教育的支出。

c. 无缺失值的国家（地区）包括：亚美尼亚、孟加拉国、保加利亚、克罗地亚、塞浦路斯、捷克共和国、爱沙尼亚、中国香港地区、匈牙利、印度、印度尼西亚、伊朗、以色列、哈萨克斯坦、吉尔吉斯斯坦、拉脱维亚、立陶宛、马来西亚、尼泊尔、菲律宾、波兰、罗马尼亚、塞尔维亚、斯洛伐克、斯洛文尼亚、叙利亚、塔吉克斯坦、泰国、乌克兰。

六、结论

“一带一路”沿线涵盖国家数量众多，各国高等教育发展路径与现状差异较大。本章基于世界著名大学排行榜、联合国教科文组织、世界银行等权威数据源，对“一带一路”沿线主要国家的高等教育整体格局以及各国高校在工程技术、自然科学、生命科学、社会科学与管理以及艺术与人文科学等 5 个主要领域的优势学科格局进行了梳理，并厘清了各地区和国家高等教育自 21 世纪以来的发展路径、发展现状与面临的挑战，不仅通过大学排名揭示了高等院校本身的教育科研实力，也通过着眼高等教育毛入学率、高等教育完成率、政府对高等教育的资金投入以及高等教育国际化等指标的分析初步揭示了高等教育与人口、政府和国家之间的可能关联。

本章研究初步认为，就高等教育质量本身而言，优势院校与学科不少集中于东亚地区，但沿线其他国家和地区亦有在不同领域实力突出的高等院校，也有因为各种原因而使得高等教育发展陷入瓶颈的国家和地区，其中的一个重要瓶颈在于政府对高等教育的经费投入，因为扩大入学率与足够的经费投入是提高高等教育学业完成率的重要保障。自 21 世纪以来，“一带一路”数十个沿线国家整体而言，高等教育毛入学率显著提升，高等教育完成率显著提升，但政府对高等教育经费的投入却未能显著跟进。当然，影响高等教育质量的其他综合性因素，由于数据有限，未能在本章中尽数体现，将在今后的研究中进一步挖掘分析。

提升本国高等教育质量是各国开展高等教育国际合作的最终目标。中国身为东亚地区的重要国家，其高等教育在过去数十年间的不断探索和国家巨大的付出下不断前进，才使得当前有越来越多的中国高等院校在世界大学排行榜中榜上有名，这是来之不易的。鉴于“一带一路”沿线国家高等教育发展水平差异巨大，我国在与其他国家开展高等教育合作时，应始终坚持质量导向，审慎推进合作进程，精心利用有限资源，确保每一项具体合作的开展都将切实促进我国高等教育质量的进一步提升。

第五章　打破语言障碍促“一带一路”发展

黄锦辉（香港中文大学工程学院教授　副院长（外务））

一、前言

第十三届全国人民代表大会第一次会议和政协第十三届全国委员会第一次会议（简称“两会”）于2018年3月3日至15日在北京举行。“两会”期间，“一带一路”对外发展计划被中国中央政府肯定为国家未来五年经济发展的重点政策之一。计划指出“一带一路”需要与其他70多个沿线国家之间积极实施“五通并进”，当中包括国与国之间的“政策沟通”“设施联通”“贸易畅通”“资金融通”及“民心相通”，涵盖五大领域。国内外学者不约而同地认为要有效达至全面五通必然困难重重，而在诸多困难中，笔者认为各国之间的语文障碍是个关键问题，各国不容掉以轻心。例如沿线各国商人存在说文的差异，在行商时便难免会产生沟通上的问题，导致不必要的争拗。总体而言，语文相通才可能谈及贸易往来、文化交流及民生互动，因此，“一带一路”的建设绝对不可忽视语言上的考虑。这需求对中国香港地区在“一带一路”上充当“超级联系人”角色的计划构成多重挑战。

据《中国社会科学报》，“一带一路”沿线国家使用超过两千种语言，而国内语言过百的国家也有8个之多，由此可见“一带一路”沿线的语言环境十分复杂。“一带一路”沿线使用最多的官方语言为阿拉伯语（14个国家，包括大部分信奉伊斯兰教的国家使用阿拉伯语）；其次是英语（包括新加坡在内共8个国家使用英语）；再次是俄语（包括俄罗斯在内共4个国家使用俄语)。报告更指出沿线有12个国家使用多过一种官方语言，当中以新加坡最为复杂，它同时使用英语、汉语、马拉语及泰米尔语，总共4种官方语言，而波里是唯一没有制定官方语言的国家。概括而言，“一带一路”沿线的官方语言总共有54种，这种多样性的语言现象凸显了沿线语言障碍问题的复杂性。

朝着“一带一路”建设目标，中国积极推行国际化，一方面从世界各地招商引资，吸纳人才到中国发展，另一方面鼓励国内企业向外发展，扩充业务，建立更多如华为、阿里巴巴般的跨国巨擘。中国正紧锣密鼓地推行“引进来，走出去”大方针，锐意尽快提升国家的全球竞争力。中国改革开放40多年，经济发展突飞猛进，成绩全球有目共睹，例如，2018年中国国内生产总值(Gross Domestic Product，GDP)是世界第二，仅次于美国。然而，“万事俱备，只欠东风”，要全面贯通“一带一路”，“民心相通”尤其关键。就此，笔者建议中国必须与沿线国家紧密协作，打破它们之间的语言障碍，例如包括外地“引进来”的商家及专家人才应熟悉汉语，同样的，从国内“走出去”者能操流利的当地语言。

基于上述建议，本章内容组织如下：第二部分浅谈中国“汉语传播”工作的现况，此任务的目的是让全世界多认识汉语，进而了解中国文化。“一带一路”沿线语言多达54种，当中不乏较少人使用的“小语种”，第三部分简介小语种的分布及在教学上的安排。第四部分描述在中国香港学习“一带一路”沿线相关语言的情况。第五部分列出笔者的具体意见及建议。

二、国际汉语传播工程

近年来，随着中国国际地位不断上升，中华文化“走出去”实施力度不断加大，汉语国际传播的范围及速度日益猛进。与此同时，2013年中国国家主席习近平首次提出“一带一路”倡议，应运而生的情况是沿线国家对学习汉语的殷切需求，在“一带一路”构成一股澎湃汹涌的学习热潮。在需求高涨的现实之下，中国的汉语国际传播任务正面临新的机遇及考验。再者，各地政府对汉语国际传播的研究及实践的关注度大大提升，中国政府不断朝多个方向发展，包括：①鼓励外国人多来中国学习及培训，为他们创造语言学习环境；②在世界各地推广中华文化，传播汉语在“一带一路”的重要性；

③与当地学界合作在全球兴建孔子学院，以落实以上两项任务。

（一）大力推行来华留学 促进“一带一路”上的汉语传播

中国教育部于2010年发布了《留学中国计划》（简称《计划》）。依照《计划》，来华留学生的规模，包括人数及层次在过去几年持续提升。特别是自2013年“一带一路”倡议提出之后，来华留学教育发展呈现新的动态。根据中国教育部的官方统计数目，2014年度来华留学生共计377 054人，到2016年已增至442 773人，增幅达17.4%。而从培养层次上看，接受学历教育的来华留学生比例亦逐年递升，分别为2014年的43.60%，2015年的46.47%，2016年的47.42%。

从国籍分布来看，2014年来华留学生人数最多的前10位国家分别为韩国、美国、泰国、俄罗斯、日本、印度尼西亚、印度、巴基斯坦、哈萨克斯坦、法国；2015年为韩国、美国、泰国、印度、俄罗斯、巴基斯坦、日本、哈萨克斯坦、印度尼西亚、法国；而2016年为：韩国、美国、泰国、巴基斯坦、印度、俄罗斯、印度尼西亚、哈萨克斯坦、日本、越南。由上述统计数字可见，来华留学生的所属国家相对稳定，而来自“一带一路”沿线国家的留学生占大多数，尤其是来自印度、巴基斯坦、哈萨克斯坦等国的学生。

汉语国际传播随着来华留学生规模的增长而逐步扩大。在2014至2016年之间，就读本科的来华留学生占全国来华留学生总数的比例为平均每年45%左右。这些留学生一般会在中国学习3至5年。毕业后，他们的汉语水平考试（HSK）成绩大部分会达到四级以上，能够顺畅地进行汉语交际。另外，已具备基本汉语知识的来华留学生可申请中国政府奖学金、孔子学院奖学金等资助，获资助的留学生大部分于毕业时，其汉语水平会更上一层楼，能够阅读其修读学科的文献，更有些能达到撰写汉语论文的要求。

（二）在世界各地推广中华文化

“一带一路”倡议根据沿线国家的共同需求创造新机遇，使合作的国家优势互补、互利互惠，达到多赢局面。沿线国家积极参与“一带一路”建设，它们之间的有效互联互通是关键成功因素（Critical Success Factor，SCF）。而在促进互联互通的过程中，“人文交流”在“一带一路”发展中发挥着越来越重要的作用。中国文化部推出《文化部“一带一路”文化发展行动计划（2016—2020年）》，提出将扩大中国与沿线国家的文化交流规模，增设当地中外文化机构，开展文化年、文化月、文化节等活动。以孔子学院为例，它作为中国对外交流的文化招牌，除了培养汉语国际人才之外，也会通过举办不同形式的文化推广活动，向沿线国家民众展示中华文化内涵，增进中国与沿线国家的理解与友谊，增强汉语对当地民众的吸引力。

（三）全球兴建“孔子学院”

2015 年 3 月 28 日，我国正式发布了《推动共建丝绸之路经济带和 21 世纪海上丝绸之路的愿景与行动》，根据该规划要求，中国要在“一带一路”沿线国家全面建立孔子学院，以推动中国语言和文化及历史展示，并加强中国与“一带一路”沿线国家的教育文化交流，发展友好合作关系。孔子学院的主要功能在于发挥语言教学的作用，加强人与人之间的文化交流及国与国之间外交事务上的协作。同时，孔子学院的建立还能为当地提供很好的教育机会，这对于教育资源比较缺乏和教育水平比较落后的国家是十分有利的。经过这几年的发展，孔子学院已经成为“一带一路”沿线国家了解中国文化及历史的一个重要平台。孔子学院的建立让更多沿线国家客观理性地认识了“一带一路”，消除了中国外交上的不利影响。随着“一带一路”倡议的推进，目前孔子学院的建设主要集中在欧洲、东南亚、北美等地区，共有 130 多个国家和地区建设了 500 多所孔子学院和 1 000 多个孔子课堂。“一带一路”日益发展壮大，沿线国家孔子学院的建设工作也日渐进步（见附件一）。

三、小语种分布与教学

（一）小语种的定义

小语种定义的区别在于对通用语种范围的限定，主要有两种。

（1）联合国使用的通用语种（中文、英语、德语、西班牙语、法语、俄语、阿拉伯语等）之外的其他语言种类。

（2）社会大众普遍视英语为通用语种，其他语种都是非通用语种，即小语种。

统计指出，根据第一种定义，中国目前各个高校开设的小语种大约有 30 个不同种类。另外，百度百科统计数据显示，“我国小语种的专业目前具体包括西班牙语、德语、葡萄牙语、法语、俄语、日语、意大利语、韩语、乌克兰语、越南语、瑞典语、印地语、捷克语、马来语、阿尔巴尼亚语、波兰语、泰语、塞尔维亚语、阿拉伯语、波斯语、细甸语等”。综合上述定义，小语种所适用的范围较窄，使用率亦较低。以中国而言，小语种是指与汉语（国家第一常用语言）和英语（第二语言）相比，应用层面及用户人数较少及主要在少数国家使用的外语语种。

中国的小语种教育目前集中于韩语、日语、西班牙语、德语等语种。除了高等院校开设的专业和学位教育以外，目前小语种教育主要是由各种不同大小的培训机构承担的。具体而言，根据全国普通高等院校招生目录，北京外国语大学、北京语言大学、广东外语外贸大学、上海外国语大学等普通高等院校是相对专业和集中的小语种教育院校。其次还有部分二本学校和综合性大学开设了小语种专业。除此之外，社会上琳琅满目的语言培训机构成为小语种教育的另一股活跃力量，例如武汉的星光二外学校开设了日语、西班牙语、德语、韩语和法语等小语种教育，广州津桥外语培训中心等培训机构主要教授日语、法语、越南语、德语、波斯语、西班牙语、葡萄牙语、意大利语、阿拉伯语、泰国语、韩语、俄语、荷兰语、印度语、印度尼西亚语等小语种。这些培训学校为社会输送了大量的小语种人才，成为填补官方小语种教育“缝隙”的主要力量。

（二）中小学语种教育的历史进程

中小学语种教育的历史演变主要包括三个大的历史时期：古代中国、近代中国和新中国。小语种教育发展的前提是政府与相应国家的交流和来往。古代中国虽然也曾与周边的高丽、俄国及中东一些国家有过友好交往，但是范围和规模有限。特别是交往仅局限在政府互派使者，很少扩展到普通百姓（民间）的交流层面。因此，政府缺乏对这些国家的语言的基本学习需求，也没有产生比较成熟和大范围的小语种教育。虽然近代中国逐渐国际化，向外打开了部分国门，但语言学习目标主要聚焦于欧美国家，尤其是英语。再者，中国教育仍然以传统文化为主，小语种或外文教学基本是自发的个人学生行为，并没有纳入主流教育体系，因此修读人数并不多。

中华人民共和国成立初期，中国小语种教育的发展总是反反复复。在规范和引导小语种教育发展的过程中，中国制定了大量的教育政策法规。具体而言，随着政府对外政策的调整和变化，新中国的小语种教育经历了三个大的主要发展阶段。

从 1949 年至 1965 年，中小学语种教育制度得到了初步建立和发展。当时中苏关系最为友好，为了增进双方了解，方便交往，当时政府在全国中学和高等教育院校广泛开设了俄语课程，培养了大量俄语人才。

1966 年至 1976 年，由于“文革”的原因，整个教育大背景受到影响，中小学语种教育全面倒退，甚至一度停滞。另一方面，由于 20 世纪 60 年代中后期，中国和苏联关系全面恶化，导致本来较被重视的俄语教育开始衰落。

中国政府于 1978 年 11 月在青岛召开了“全国高校外语专业教材编审委员会”成立大会。会议制定的《高等学校外语专业教材编审委员会工作条例》使中国改革开放初期小语种教育迎来新的发展契机。另外值得一提的是，1978 年改革开放和 1979 年的中美正式建交是与中国外语教育相关联的标志性事件。自此之后，英语教学成为中国外语教育的最重要部分，而且其他小语种教育也随之而逐渐发展起来。从 1979 年起，中国的小语种教育进入重建和开拓的黄金发展时期。小语种教育呈现出国家鼓励和支持，社会需求推动联合发展的趋势。同时，小语种教育的语言种类也逐渐扩大和多样化，如韩语、西班牙语、日语、法语等语种的教育都在中国发展迅速。

由于社会主义市场经济体制自 20 世纪 90 年代以来逐步在中国被确立和深化，中国与世界各国的经济和政治往来日益密切，因此外语（包括小语种）进一步成为促进国际经济贸易和政治沟通的必需技能。特别是在邓小平 1992 年南方谈话之后，中国对外开放和对外贸易突飞猛进发展，全中国经济呈现出前所未有的高速发展态势。与此同时，中国亦善于审时度势，颁布了一系列的政策来确保外语和小语种教育以及其专业人才的培训，从而应对国内外劳动力市场对小语种人才的迫切需求，促使经济持续稳定发展。随着中国加入世界贸易组织（World Trade Organization，WTO），其经济格局有了新的变化：对外开放和对外贸易范围加大，集约型经济（intensive economy）增长越来越受到肯定和实施。这些新变化除了迫切需要大量掌握先进科学技术和管理知识的人才之外，还需要数量庞大、技能熟练的外语语言人才，特别是掌握英语语系以外的其他国家的语言（即小语种）的人才。

（三）中小学语种教育情况

加入世界贸易组织之后，中国与世界各国（特别是与欧洲各国、日本、韩国等）的经贸联系非常紧密，法语、西班牙语、日语、韩语等在中国显示出优势。但是与英语教育相比，这些语种及其他小语种教育的发展仍然缓慢。为加快小语种教育步伐，中国制定了从学校到培训机构的小语种培养目标体系。

中国的小语种教育机构分为基础教育、高等教育和社会培训机构三大类。基础教育机构包括各级学校，如幼儿园、小学、初中、高中等。高等教育机构包括各类学院、大中专院校、大学等。社会培训机构则是指各类培训学校、考试培训班、兴趣班等。目前现行的中国基础教育体制中并不涉及小语种教育。从 20 世纪 70 年代末改革开放以来，中国学生在高中之前的基础教育课程中，外语学习绝大部分集中在英语。

（四）粤港澳大湾区小语种发展

早于 2007 年，中国在中共十七大报告中已提出“加强内地与香港、澳门交流合作，实现优势互补、共同发展”。港澳回归以来，特别是 2001 年中国加入了 WTO，以及 2003 年中央政府与香港签订《内地与香港关于建立更紧密经贸关系的安排（简称 CEPA）》以及 CEPA 补充协议 1-5 实施以来，粤港澳更加务实高效地展开了在经济社会各领域的交流合作。与此相对应，粤港澳在外语小语种市场方面的区域合作和双向互动也日益密切，有力地促进了粤港澳外向型经济发展。但是，粤港澳在外语传译市场区域合作上存在“纵向比有发展，横向比有差距”的现状。即语言的区域合作的广度和深度每年都有发展，但是与经贸等相关行业相比，交流合作差距还是很大。特别是随着 CEPA 的深入实施，粤港澳语言的区域交流合作不断面临新的挑战，出现新的发展趋势。粤港澳应探讨如何应对这些挑战和发展趋势，进一步加快区域合作，共同推进小语种市场更好更快互动发展。

改革开放 40 多年来，广东省得益于中央政府的特殊政策，广州、深圳、珠海、汕头等城市经济迅速崛起。同时，作为最早对外开放的省份，广东对外经贸、旅游等涉外产业和经济社会发展在全国名列前茅。与此关联，广东外语传译（interpretation）市场化程度平均高于全中国。主要体现在：①教育产业化水平高，办学规模快速扩展。新办大学和老牌大学绝大多数都有外语系，甚至扩办成外语学院。外语院校招生数量逐年扩大，传译师资队伍数量、质量、教学水平不断地提高；②对传译人才需求量大，如每年广交会都需要大量外语翻译；③翻译（包括传译，下同）企业和培训机构数量多；④翻译企业规模、业务范围、市场营业额都相对大；⑤社会参加外语传译培训的人数总量不断增加。

与此同时，中国香港地区是世界最发达的经济体之一，其高等教育院校几乎都有外语翻译院（系），外语传译行业人才、资金、业务多，市场化、产业化、社会化程度不但高于内地，且居国际领先地位。全世界有约2亿人讲葡萄牙语，在澳门永久定居和生活的以葡萄牙语为语的居民接近万人，澳门《基本法》规定中文和葡文同为澳门的官方语言。近几年世界上8个使用葡萄牙语的国家来澳门投资的股东数目大幅增长。这不仅反映出葡语国家近年来对中国市场的重视，同时中国澳门地区作为葡语国家与中国内地之间经贸平台的作用日益突出，显示澳门的葡语市场化发展速度、水平和空间均甚有优势。

四、“一带一路”语言在香港

首先，香港各大院校可以提供更多与“一带一路”沿线常用语言相关的课程。环顾香港大学教资会（UGC）资助的8所大学所提供的语言培训课程，有8所教授汉语、英语、日语、韩语及法语，7所教授西班牙语及德语，4所提供阿拉伯语及俄语，3所设有意大利语及泰语，2所提供葡语，只有1所教授希腊语及瑞典语。阿拉伯语、英语及俄语是“一带一路”最普遍使用的官方语言，不过现时本地的阿拉伯语及俄语的课程不多，而且内容略为简浅，要利用所学所得去联系沿线的阿拉伯国家，恐怕难以称职。另一缓冲方法是政府资助本地学生到外国交流学习，待他们学成之后，回港成为两地通商的催化器。然而，本地学生对于大部分“一带一路”沿线国家的历史和文化都认识不深，因此要求他们去那些地方访问求学，可能事与愿违。笔者认为不只是大学，香港要从中小学开始便要加强有关这些国家的教育。这个做法亦不是纯粹为了“一带一路”而设，同时可以扩宽学生的视野。

再者，既然香港相关的外语教育水平还有待改进，各大学可考虑招收更多“一带一路”沿线国家学生来港修读本料或研究生课程。此举既可提升语文（主要是英语和汉语）训练，同时可让外国学生了解香港及内地，待他们毕业之后，以香港为基地与中国内地通商。实际上，这种做法并不新鲜，中央政府多年来邀请（甚至于资助）过不少非洲学生来中国读书。大多毕业生回国工作后，成为中方的商务使者，帮助促进两地的跨国生意。利用这策略，今天中国企业在非洲各地拥有庞大的投资及大型基建项目。不过，此举若在香港操作，香港政府需要放宽外来学生的学额及建设相关配套设施。笔者更建议政府加大力度推广之前所设10亿港元的"一带一路"学生奖学金，积极吸引更多沿线学生来港求学，毕业后协助香港做好"一带一路"的"超级联系人"。

五、结语：意见及建议

最近人工智能（Artificial Intelligence，AI）在全世界大行其道。当中为分析及理解人类语言沟通而设的"自然语言处理"（Natural Language Processing，NLP）应用在商业市场炙手可热。不过这类应用发展趋向过分商业化，偏重于大语种（例如英、法、中、俄、阿拉伯等语言）处理技术的发展，相反小语种的数码化工程未获得大企业关注。如果这种情况持续恶化，这些语言及文化于二三十年之后，便会在世界上消失。面对这"科技灭文"的危机，笔者建议全球各地政府多投放资源并委托学界做好文化（尤其是语言）的保育工作。无论如何，人工智能技术正不断地颠覆全球的经济模式，香港必须紧贴其发展。本地官、产、学、研各界不容掉以轻心，要作好经济转型的准备。否则，机器代人、愚人甚至"灭文"的行为将会构成人类文化的大倒退。

附件一：孔子学院办学情况（基于孔子学院2017年度发展报告）

现时对外汉语教育主要通过分布在世界各国的孔子学院进行。我国已向146国（地区）派出汉语教师3 574人，支持各省、区、市教育厅（委）和高校派出教师5 001人。重点支持"一带一路"国家汉语教学，派出教师1 076人。我国"引进来，走出去"和在孔子学院当地培训本土汉语教师，全年总计117 454人次；支持10国12所外国大学建立汉语师范专业，培养本土教师，先后与美国肯塔基大学、德国柏林自由大学签署合作协议，启动招生。培养培训南亚7国本土教师944人，其中专项来华奖学金生331人。

面向"一带一路"国家汉语国际教育专业硕士留学生招聘本土教师，在岗"汉硕"本土教师人数达100人。在美国、英国、德国等16国31所孔子学院设立核心教师岗位，聘用 45 人。新增国际（西学）中医文化推广研究基地（云南中医学院）、孔子学院绩效评价与财务管理研修基地（东北财经大学），汉语国际推广基地总数增至 40 所。第三届全国汉语国际教育专业学位研究生教育指导委员会召开成立大会暨培养工作研讨会。共有 110 所国内高校设置汉语国际教育硕士专业学位，2017 年专硕招生总人数为 5 924 人。举办首届汉教英雄会夏令营暨 2017 汉语国际教育硕士研究生教学交流大会。发布《汉语国际教育专业学位 2017 年度课题指南》，颁布《汉语国际教育专业学位研究生教育研究课题管理办法》。孔子学院总部召开孔子学院专职教师储备院校工作座谈会，新增 13 所在“一带一路”国家建立孔子学院的院校为专职教师储备单位。目前专职教师 399 人。向 127 个国家派出汉语教师志愿者 6 306 人，其中，向 442 所孔子学院（课堂）派出 3 154 人。整合优化志愿者选拔工作，集中组织 5 批志愿者招募选拔考试，共计 18 088 人报名参加。

截至 2017 年 12 月 31 日，全球 146 个国家（地区）建立 525 所孔子学院和 1 113 个孔子课堂。孔子学院在 138 国（ 地区）共 525 所，其中，亚洲 33 国（ 地区）118 所，非洲 39 国 54 所，欧洲 41 国 173 所，美洲 21 国 161 所，大洋洲 4 国 19 所。孔子课堂 79 国（地区）共 1 113 个（缅甸、科摩罗、瓦努阿图、格林纳达、莱索托、库克群岛、安道尔、欧盟只有课堂，没有学院），其中，亚洲 21 国 101 个，非洲 15 国 30 个，欧洲 30 国 307 个，美洲 9 国 574 个，大洋洲 4 国 101 个。

第六章 “一带一路”国家来华留学生跨文化适应

刘扬（北京航空航天大学高等教育研究院副教授）
王好升（北京航空航天大学高等教育研究院硕士研究生）
王志莹（北京航空航天大学高等教育研究院硕士研究生）

自“一带一路”倡议提出以来，沿线国家与中国一道在经济、贸易等各个方面得到了良好的发展，并取得了丰硕的成果。为充分发挥教育在“一带一路”人才建设中的重要作用，2016 年 4 月，中共中央办公厅和国务院办公厅印发了《关于做好新时期教育对外开放工作的若干意见》，对做好新时期教育对外开放工作进行了重点部署，要求加快留学事业发展，提高留学教育质量，并实施“一带一路”教育行动，促进沿线国家教育合作。随后，教育部出台了《推进共建“一带一路”教育行动》，提出沿线各国携起手来，增进理解、扩大开放、加强合作、互学互鉴，谋求共同利益、直面共同命运、勇担共同责任，聚力构建“一带一路”教育共同体，形成平等、包容、互惠、活跃的教育合作态势，促进区域教育发展，全面支撑共建“一带一路”。10 多年来，越来越多的“一带一路”国家的学生选择来中国留学（详见表 6-1）。

表 6-1　2004—2014 年“一带一路”沿线国家来华留学生统计表

年份	沿线国家来华留学生		来华留学生		沿线国家所占比重（%）
	人数	比上年增长（%）	人数	比上年增长（%）	
2004	24 896	—	110 844	—	22.5
2005	37 657	44.4	141 087	27.3	26.7
2006	50 553	34.2	162 695	15.3	31.1

续表

年份	沿线国家来华留学生		来华留学生		沿线国家所占比重（%）
	人数	比上年增长（%）	人数	比上年增长（%）	
2007	66 605	31.8	195 503	20.2	34.0
2008	79 830	19.9	223 499	14.3	35.7
2009	94 727	18.7	238 184	6.6	39.8
2010	111 104	17.3	265 090	11.3	41.9
2011	123 794	11.4	292 611	10.4	42.3
2012	142 027	14.7	328 330	12.2	43.3
2013	160 571	13.1	356 499	8.6	45.0
2014	176 843	10.1	377 054	5.8	46.9

目前，“一带一路”国家已成为我国留学生来源大国。因此，接收来华留学生的各高校应以此为契机，关注来华留学教育，合理对待国际人才培养，正确了解、认识外国留学生在华生活、交往、学习及发展的相关需求，培养一大批知华、友华、爱华的国际人力资源。这既是促进来华留学生稳定性的需要，更是适应国家和社会发展的需要。

“一带一路”国家的来华留学生，跨越两种不同的文化，在中国高校生活、学习，参与各种不同类型或方面的活动。在这个过程中，留学生将会经历生存适应、跨文化沟通或适应、学习适应 3 个不同阶段的适应问题①。本章将通过质性的研究方法，通过深度访谈，从微观层面上对“一带一路”国家来华留学生在中国的生活、人际交往、学习等方面产生的跨文化适应问题进行描述。

一、生活适应现状与问题

生活涉及方方面面，本节主要探讨来华留学生在中国的语言适应与饮食适应这两个基本方面。

（一）语言适应

语言，是留学生身处异国他乡不可或缺的一门技能。它影响着留学生的

① 安然：《来华留学生跨文化适应模式研究》，《中国高等教育》2009 年第 18 期。

生活、学习的方方面面。正如一位来自特立尼达和多巴哥的留学生表示，“我认为最大的困难就是语言，因为首先你得懂对方的意思，其次才能更深入地交流”。

1. 语言适应的现实状况

来华留学生在中国学习，可以根据学校课程开设的实际情况以及自身的语言水平选择汉语或英语作为自己的教学语言。在这样的情况下，留学生的汉语水平参差不齐，这导致来华留学生的汉语适应水平也不同。来华留学生的汉语水平主要有以下几种类型。

1）精通汉语表达

一位来自法国的留学生在一次“外国留学生奖学金颁奖典礼”的汉语演讲让人惊叹。字正腔圆、妙语连珠，各种时髦的词接二连三地出现在演讲稿中。如果不是当时在现场真正地经历了这一切，真不敢相信这是一名留学生的汉语演讲。

类似的，一位赤道几内亚的留学生也能够完全通过汉语与老师同学进行无障碍的交流。这位留学生的母语为西班牙语，他在来中国之前并没接触过汉语，只是在中国学习了一年汉语预科，但是他在日常生活中一直尽可能多地使用汉语跟中国老师学生交流，同时也会学习一些网络词语。在跟他交流的过程中，可以明显感觉出他对汉语的精通。

2）对汉语一知半解

来华留学生群体中，已经有部分留学生通过了 HSK 等级考试，具备了一定程度的汉语语言水平。他们虽然通过了考试，但是在具体的应用当中却存在诸多问题。

一位来自越南的留学生表示，“有时听不懂老师用的某些词，一次上课的时候老师说到‘圈粉’，当时是完全懵的一个状态”。

而且，留学生普遍表示汉语较为难学，尤其是汉语拼音中的声调更是让留学生难以理解。一位来自马拉维的留学生表示，“mǎi（买）与 mài（卖）听起来没太大差别，为什么意思是相反的？”

除此之外，在日常生活中，留学生由于语言的问题较少在学校食堂等公共服务区域出现。一位来自越南的留学生表示，“（我）一般不在学校食堂吃，因为看不懂菜单上的菜名是什么意思，大多数（时候会）去超市买东西，（然后）回宿舍煮饭”。而且，通过观察也可以发现，留学生在食堂买饭时，更多的是通过肢体语言以及“这个”“那个”等方式来表达自己的诉求，并不像中国学生一样能够准确地说出各种食物的名称。

3）完全不懂汉语

来华留学生中，以英语为授课语言的留学生多数基本没有任何汉语基础，并不能够用汉语进行表达。虽然学校会开设相关的汉语课程，多数留学生为了通过考试会学习简单的汉语，但课程结束之后多数留学生表示日常生活中朋友之间都是使用母语或英语进行交流，不会使用汉语进行交流，慢慢地也就忘掉了所学的汉语。

2. 语言适应出现问题的原因

1）自身汉语语言水平过低

来华留学生的授课语言并非完全通过汉语进行，这也导致留学生在申请学校时可以没有任何的汉语语言基础。尤其是以英语为授课语言的留学生，来到中国后也不会过多地花费时间去学习汉语，这一点是影响留学生语言适应较大的原因。

正如一位来自尼日利亚的留学生表示，“（我）上课用英语，朋友之间交流用英语，为什么要花很多时间学习汉语……”。正是没有对留学生在入学申请时的语言要求，导致了留学生不能适应当前的语言环境。

2）汉语学习动机弱

若用英文授课，留学生则不需要通过汉语学习相关的课程，这也导致留学生在学习方面没有学习汉语的强制要求，从而使得留学生也不会有较强的汉语学习动机。

日常生活中，留学生更多的是自己做饭，并不需要与学校食堂的工作人员有更多的语言交流；而且，留学生在购买各种食材时，多是通过微信、支付宝等进行支付，也不需要有过多的语言交流。这也从另一个方面导致留学生并不需要有强烈的外在动机吸引其学习汉语。

（二）饮食适应

饮食可谓最基本的需求。留学生来到中国之后，对中国饮食的适应情况存在较大的差异。

一位来自越南的留学生表示，“饮食上差异不大，因为越南和中国都是东亚，饮食上的差异不是很大”。

而一位来自巴基斯坦的留学生却表示，“饮食差异比较大，中国的饭馆比较贵。”

可见，饮食适应方面留学生之间存在着巨大的差异。

（三）居住环境适应

访谈中的留学生表示较为适应当前的住宿条件。目前，我国留学公寓的住宿条件一般优于本国学生公寓的住宿条件，多为两人一间或一人一间；并且多数留学生公寓可以为其提供厨房等资源，以满足留学生的饮食需求，正如一位来自摩洛哥的留学生表示，“宿舍可以自己做饭这一点我很喜欢”。

二、跨文化人际交往现状与问题

人际交往不仅是为了更好地实现人与人之间的情感交流，也是满足日常生活学习需要的一种手段。来华留学生离开自己的国家来到中国，希望认识更多的朋友，从而能够更好地适应当前的环境。

（一）来华留学生跨文化人际交往现状

1. 留学生在中国求学期间的朋友以留学生为主

当被访者被问及中国朋友多还是外国朋友多时，一位来自越南的留学生表示：“还是本国朋友多一些，我会时常和本国的同学一起活动，比较喜欢和本国的同学在一起玩。自己没有中国朋友，毕竟留学生和留学生一起上课，中国学生和中国学生一起上课，几乎没有交流的机会，虽然有时候会通过一些校园活动和中国学生接触，但只是几次短短的交流，之后大家也不互相联系，所以根本没有中国学生和我交朋友”。

一位来自印度尼西亚的留学生也表示，留学生朋友更多，而且多是本国人，在北京的印尼人建了一个微信群，大多数朋友都是在这个群里面认识的。他说“由于大家同处异乡，有共同的交友诉求，虽然生活习惯有差异，但在这一共同点下能很好地求同存异。”

一位来自布隆迪的留学生的情况与别人有所不同，其本科和硕士是在乌克兰读的，问到他的朋友，他说他的朋友什么国家的都会有一些，他认为“只要双方可以正常沟通，合得来，不管来自哪个国家都可以交朋友，得具体到个人来分析”。

2. 留学生对中国学生的印象普遍不错

来华留学生在中国高校学习，避免不了与中国学生进行接触。当被访者被问及对中国学生的看法与印象时，不同的留学生有不同的认识。

一位来自布隆迪的留学生认为中国人比较友好，并表示如果他在路上寻求帮助，他可以感受到对方的努力。即使可能双方存在沟通障碍，但是他能感受到对方尽自己的努力想要给他提供帮助，无论问题是否能解决，是否能帮助到他。

一位来自印度尼西亚的留学生表示对中国学生印象很好，“在学习上、生活上有困难，如果找中国同学，他们大多会尽力帮忙”。

但是，并不是所有的留学生均表示中国学生态度友好，认为也存在较为冷漠的情况。

一位来自赤道几内亚的留学生表示，他感觉中国学生不愿意和他们交流。他表示，之前自己主动和中国学生交流时，中国学生总是说忙，没有时间，所以他现在也不太主动和中国学生交流了。他还提到在踢足球的时候，有时想邀请中国学生加入，但是往往会被拒绝，中国学生会说“你们玩你们的，我们玩我们的”。他认为中国朋友很难交，他的中国朋友基本上是通过英语角、一些聚会和微信群结识的。

3. 中国朋友与外国朋友交往方式不同

来华留学生与中国学生比较，这两个群体生活的文化背景不同。在人际交往方面，二者也存在不同的交往模式。当被访者被问及中国朋友与外国朋友的交往方式时，他们纷纷表示两者有较大的区别。

一位来自布隆迪的留学生表示，“中国朋友大多数都是学生，学习很认真，而我本国的朋友学习则不那么认真，因此很好约出去”。相比外国的朋友，中国的学生显得更为保守，他们很少去酒吧，更愿意选择运动等方式来放松自己，而外国朋友几乎每周都会去酒吧。

一位来自印度尼西亚的留学生就中国朋友和印度尼西亚朋友在交往过程中的不同表示，“中国朋友会在与人约会分开的时候说下次再约或者是下次一起吃饭，但是他们都不会说明具体什么时间一起约或者一起吃饭，而且好像也只是说说而已；但是在与印度尼西亚的朋友交往时，大家会讲明下次约会或者吃饭的时间，而且一般都很准时，不会迟到。”

(二)留学生产生跨文化人际交往问题的原因

1. 语言障碍

来华留学生中，有一部分留学生的汉语水平较低。而语言又是融入一个新的国家和文化的基本工具。语言交流困难不仅会影响来华留学生的日常生活与学习，还体现在与他人或老师的有效沟通交往方面。尽管有些来华留学生在抵华之前学习过中文或者参加过 HSK（汉语考试），但是来到中国后的实际汉语运用不同于课本，这就使来华留学生在语言交流方面遇到困难与阻碍。

2. 文化差异

文化差异渗透到生活的多个方面，比如饮食习惯、生活习惯、时间观念、隐私观念、行为方式、思维方式、信仰习俗等。

由于来中国求学的学生来自不同国家，他们的饮食习惯、生活习俗、风俗信仰、行为方式、价值观念等与中国的文化存在差异，从而会在无意识的情况下，引发日常交际中由文化差异带来的误会和问题。这一现象在初来中国的留学生中较常见，因而产生学生母国文化与中国文化的差异与隔阂。

3. 交往机会的缺乏

中国学生住在集体宿舍，朋友也多产生于同学之间，能够在宿舍中讲比较熟悉的共同话题。

外国留学生一般居住在留学生公寓，没有和中国学生同住的机会，也就没有机会能够在自然状态下和中国学生慢慢建立友谊。另外，他们认为中国学生热爱学习，没有太多时间娱乐，而他们更喜欢和朋友一起爬山、去酒吧等，他们更注重生活品质和社交，认为学习只是生活的一部分。

例如，一位来自印度尼西亚的留学生表示，由于留学生与中国学生分开上课，因而自己和中国学生交往并不多，较少有跟中国学生接触的机会。

一位来自越南的留学生表示，“有时候通过校园活动会和中国学生接触，但只是几次短短的交流，之后大家也不互相联系，所以没有中国学生和我成为很好的朋友，但我还是挺想和中国学生交朋友的，只是缺乏机会”。

三、学业适应现状与问题

来华留学生，跨越两种不同的学术文化，在中国高校学习，面对不同的学校环境，是否会出现学业不适应的状况？而不适应的状况又有哪些表现？如何采取相应的策略，才能更好地帮助留学生适应在中国高校的学习生活？

（一）来华留学生跨文化学业适应现状

1. 学习适应状态多样化

来华留学生来中国留学的首要任务就是学习专业知识与培养专业技能。留学生来到中国高校学习后，在学业适应方面主要有以下几个方面的表现。

1）存在教学语言障碍，获取课程内容困难

就访谈对象而言，其教学语言分为汉语与英语。其中，以英语为母语或英语水平较高的留学生一般选择英语为教学语言；而其余的留学生多以汉语为首选教学语言。留学生在学习过程中，由于语言导致的学业不适应主要表现在对课程内容的理解上。

以汉语课程为例，来自不同国家的留学生均表示在语言方面存在较大的问题。一位来自韩国的留学生是中文授课本科生，已经通过 HKS 6 级考试，他表示：“我们所有的课都是汉语授课，我感觉自己汉语已经很不错了，但是有时候老师语速很快，我依然跟不上老师讲的内容。”同样，一位来自几内亚的本科留学生表示：“有的老师带有很严重的口音，自己理解的内容跟老师讲的内容对不上。”

除此之外，以英语为授课语言的专业课程为例，一位来自菲律宾的留学生表示：“老师的英文发音不标准，得反应一下才能听明白老师想要讲些什么。”这就导致留学生在获取知识时存在一定的障碍，不能够及时理解课程内容。

2）因独立管理模式而缺乏“归属感”

就当前来华留学生的课程管理模式而言，主要采用以下两种方式：一是，开始阶段给留学生单独授课，一段时间后让留学生与中国学生共同上课；二是，完全单独授课。就来华留学生的日常管理而言，高校一般通过国际学院等机构对来华留学生进行日常管理，留学生与中国学生分开住宿。

从上述内容可以看出，无论是从教学方面还是从日常的住宿生活方面，留学生与中国学生这两个群体均处于相互“分离”的状态。就这种管理模式而言，在访谈过程中，留学生普遍表示对这种管理较为不适应。其中，以一位来自菲律宾的博士研究生所表述的最为典型：“作为导师的博士研究生，在导师实验室里居然没有我学习的工位。不明白为什么要把所有留学生单独安排在一起，大家都不是一个专业的，根本就没有办法交流专业上的问题，真是奇怪。”

类似的，一名来自几内亚的中文授课的留学生表示他已经通过了 HSK6 级考试，能够用中文进行正常的交流，但是他却依然表示“只有留学生一起上课，我都觉得我的汉语水平明显下降了”。

一位来自韩国的留学生则表示，“只有留学生一起上课，没有感觉到自己是在中国留学，没有对学校的归属感”。

从来华留学生所表述的内容可以看出，他们对中外学生进行分开管理的模式表示不能理解，并不希望自己处于一种“隔离式”的状态，而是更加倾向于与中国学生接触。

3）教学内容抽象，理解困难

访谈对象中的多数来华留学生表示，教师在专业课的内容中涉及较多抽象的理论与内容，理解起来较为困难。

正如两位留学生表示，“老师有一次讲到‘活塞发动机’，没有给出图片或者视频介绍，我当时完全不知道他在讲什么。”“上课的时候老师讲授的内容涉及过多的理论，而没有讲清楚理论是如何应用到实际中的。对我来说，理解课程内容比较困难。”

汉语课程是留学生的必修课程。留学生表示，在教师讲授汉语课程的过程中，自己存在理解困难的情况。一位来自乌克兰的留学生表示，汉语老师在讲课的时候，没有给学生提供一个理解问题的情境，学生对于某些内容，在老师讲解之后仍然不理解，更谈不上能够进行正常的应用。

4）教学方法多样，适应情况各有不同

每一位来华留学生都拥有不一样的学术环境与学术文化背景。来到中国高校学习，每一位留学生与中国高校的学术文化有着不同程度的“学术文化距离”。因此，留学生对中国教师的教学方法的适应性呈现出不同的特点。

一些来华留学生表示能够适应讲授式的教学方法。“在我们国家的时候，老师在课堂上讲授的时间也很多，我已经习惯了这种方式，没有什么不适应。”还有一些来华留学生则较为不能适应课堂上教师“独奏”的方式。“老师一直在那自己讲，为什么不跟我们互动，这一点我非常不理解。”可以看出，留学生对教师的教学方法出现了不同的诉求。

适应于不同的教学方法，留学生在课堂上也表现出了不同的状态。喜欢讲授式的留学生，在课堂上更倾向于成为一名沉默者。正如一位来自韩国的留学生所表示：“我更希望做一个沉默者，听老师讲就可以了，不会的问题可以下课之后跟老师交流，这样也不会影响到他人的学习。”相反，对于渴望有更多师生互动的留学生则表现出不同的状态，“（上课）有疑问的时候我肯定会说出来的，如果不及时提问我这节课就很有可能听不懂。”

5）多元评价模式，总体适应良好

来华留学生的学业评价分为课堂考勤、课程作业、期中考试、期末考试几个部分。对于多方面进行综合评价的方式，来华留学生基本表示能够适应。

一位中文专业的来自吉尔吉斯斯坦的留学生表示：“通过几个不同的方面来考察学习情况，我觉得比较好，这样也可减轻期末考试的压力。”

但是，在课程作业方面来华留学生表示存在一定程度的不适应问题。一位来自乌克兰与一位来自布隆迪的两位不同专业的留学生均表示：“课程作业虽然不多，但是难度较大，需要花费较长的时间去完成，希望老师能够适当降低课程作业要求。”

2. 社交适应状况

来华留学生在中国高校学习、生活，在这个过程中需要不断地与教师、其他来华留学生以及中国学生进行交流、交往。其中，师生交流与生生交流成为所有交往中主要的两种方式。

1）师生互动差异较大

来华留学生来到中国学习，在这个过程中与中国教师有着直接的接触。在访谈过程中发现，来华留学生与中国教师之间的互动关系呈现较大的差异。

一位来自马来西亚的留学生表示：“有些老师，上课之前会跟我们聊很多，问我们哪些方面不适应，还给我们建议。”类似的，一位韩国留学生表示，“我们可以随时跟老师约时间见面，有不懂的可以去办公室直接问老师。”

但是，有的老师就表现出相反的态度，“老师会认为我们是外国人，并不在乎我们到底听懂没有。”

由此可以看出，来华留学生与中国教师在交往的过程中呈现了两种完全不同的互动方式。在这个过程中，中国教师扮演着重要的角色，师生互动的质量也更多地取决于中国教师对待来华留学生的态度。

当教师对来华留学生有主动关心或交往的倾向性时，两者之间呈现良好的师生互动关系；然而，当中国教师采取保守的态度对待留学生时，两者之间基本没有太多的交流。并且，留学生表示，自己也会根据老师的态度去决定是否要跟老师有更多的接触与交流。

2）中外学生趋于“零”互动

来华留学生在生活、学习等方面基本处在一个相对“封闭”的状态，彼此之间交往密切。但是，来华留学生与中国学生之间的互动严重缺乏，基本没有交流。

一位印度尼西亚的留学生表示：“我不是很理解学校为什么将留学生与中国学生完全分开，我希望能够更多地与中国学生一起上课。”同样的，一位来自孟加拉国的留学生表示，“我想找一个跟我同专业的中国学生交朋友，他可以在学业上帮助我，可是我没有认识他们的机会。”

（二）来华留学生跨文化学业适应策略

基于 Berry 所划分的维度，分别从“与中国学术环境进行交往的倾向性”以及“保持自身学术文化适应的倾向性”两个维度对来华留学生在跨文化学业适应过程中所采取的策略进行分析。

1. 主动适应学术环境的态度差异明显

来华留学生在中国高校的学术环境下学习，表现出了积极互动与消极应对这两种不同的适应策略。

1）积极的态度，有利于学业适应

一位来自韩国的留学生表示，“学校把我们与中国学生分开，我主动加入校学生会，认识更多的中国学生，担任校学生会的学生干部，经常与中国学生共同策划相关的活动，与中国学生建立了良好的关系”。除此之外，他会向中国学生请教不懂的学术问题，并获得了学校的留学生奖学金。类似的，一位来自吉尔吉斯斯坦的留学生表示，“我来中国学习汉语，我会主动参加学校举办的语伴活动，多与中国学生交流接触，不断提高自己的汉语水平”。同样的，一位来自菲律宾的留学生表示，“虽然在导师实验室没有学习的工位，不能与中国学生共同学习，但是我英语比较好，我会主动与中国学生交流，并帮助中国学生检查 SCI 未发表的文章，帮他们修改语法错误”。

除此之外，能够与中国学术环境进行主动互动的留学生也会主动地克服学习上所遇到的困难。一位来自乌克兰的留学生表示，“不懂的问题我会积极向老师请教，老师一般都会给我解答。”类似的，一位来自几内亚的留学生在遇到不懂的或不理解的内容时，“会用母语查找相关资料从助于在中国的学习。”

可以发现，与中国学术环境进行积极互动的留学生，更加倾向于从自身出发，寻找解决问题的办法，以帮助自己适应当前的学术环境，并取得较好的学习成就。

2）消极应对，学业适应存在困难

“反正也听不懂，来不来上课对我而言没有什么区别”；“内容实在是太难了，考试之前让同学帮忙补一下能通过考试就行”；“如果不来上课次数过多，老师就不会让我考试，因而我尽量来上课，但是我来了也是睡觉”……这些留学生当中，已经有个别学生出现了挂科的情况。

在来华留学生与中国学术环境互动的过程中，不同的态度会纵使留学生采取不同的应对策略，进而使留学生在学业适应与学业成就上存在差异。采取积极互动策略的留学生，表现出更加能够适应当前的学术环境，并取得较好的成绩；而采取消极应对策略的留学生则表现出各种适应上的困难，出现逃课、挂科等现象。

2. 保持自我学术文化倾向更为明显

来华留学生深受母国学术文化的影响。当其来到中国学习时，对比这两种不同的学术文化传统，留学生更加希望保持自私的学术文化传统，并出现舍弃原有的学术文化而希望完全融入中国学术环境的现象。

正如一位来自马来西亚的留学生表示：“我们国家的老师会让每一个同学回答问题，不管你回答得对不对。中国老师更希望让有正确答案的同学回答问题……我更喜欢自己国家的老师对待学生的方式。”

四、建议

（一）加强国际交流活动，增强中外学生互动性

中国高校应设置实质性文化交流活动，为外国留学生及中国学生提供充分的交流平台。部分高校相对缺乏人文气息，文化活动形式比较单一，学校

现有的统一组织的国际文化交流活动相对有限，许多为学生会组织，活动宣传力度小、参与人数不多。据笔者了解，中国也有帮助外国留学生的“语伴”项目，但可能实施效果不甚理想。在本次访谈中，留学生对其了解相对有限，文化宣传效果没有达到预期效果。

（二）开设中国文化培训课程，增进文化差异理解

集中课堂中可以开设“中西方文化差异”的课堂教学，就饮食、风俗、习惯、思维方式等进行简单介绍，通过中西方学生课堂互动、情景模拟等，帮助留学生更快地了解、适应中国文化，避免在人际交往中的尴尬和误解现象发生。通过这种方式，他们能够认识更多的中国学生，从而加深与中国学生的友谊，有助于他们回到自己国家传递和塑造更好的中国形象。

（三）教学管理模式灵活化，为留学生提供更多学习支持

当前来华留学生实行单独组织管理，基本处于相对“封闭”的状态，没有实现与中国学生管理的互通。正如留学生所表述的，“大一的时候，班里没有中国学生，我的汉语水平都下降了”“有时我们根本听不懂，同学之间也解释不清楚，如果有中国学生就好了，他们可以帮我们解答。”而且，有留学生表示，“突然与中国学生一起上课，我会感到紧张，学校为什么不在一开始的时候就安排我们跟中国学生在一起？”“我很羡慕中国学生有大班，完全将我们与之分离开，我很没有归属感。”

实际上，从留学生的表述中可以发现，这种单独组织的管理方式不但没有帮助留学生更好地适应当前的学习环境，反而在一定程度上不利于留学生适应在中国的学习生活。因此，高校应从多方面改进，促进留学生的学业适应性。

首先，从管理模式上打破留学生与本国学术环境进行互动的壁垒，逐步实行留学生与本国学生共同授课与管理的模式，增加双方的交流与互动。这一方面有利于留学生逐步适应汉语教学环境，尽快融入整个学校的教学体系；另一方面，也有利于提升高校管理的国际化程度，加快“双一流”高校建设。

其次，高校应为中外学生的交流互动搭建更多、更合理的平台，增加中外学生在学术交流上的机会，为留学生提供更多的学习支持。正如一位来自布隆迪的留学生表示，“学校举办了‘语伴’活动，但是伙伴都是学校给安排的，并没有给我自己选择的机会，我更希望找一个能在学术上帮助我的中国学生。”因此，学校在为留学生提供良好的学习平台时，应充分考虑到留学生的现实需求，而不只是从学校单方面的角度去考虑。只有满足留学生真正的需求，才会有利于留学生利用好平台和机会，提高其适应水平。

（四）提高教师跨文化知识，关注留学生多样需求

来华留学生在中国高校学习，首先需要与中国教师进行直接的接触与互动。因此，教师对待留学生的态度直接影响来华留学生与教师之间的关系。也就是说，在留学生适应当前学业环境的过程中，教师扮演了十分重要的角色。正如 Otten① 和 Zhou② 指出的，教师与学生的互动交流有助于学生跨文化能力的提升。因此，教师需不断丰富跨文化知识，以开放的态度对待来自世界各地的留学生，平等对待每一个个体，并增加与来华留学生之间的互动交流。有必要提高教师的跨文化知识与技能水平，从而使教师能够倾听留学生的需求，以更加开放包容的态度对待留学生，与其就学习、科研等方面进行更多的互动，从而帮助留学生尽早适应当前的学术环境。

（五）留学生发挥自身主观能动性，明确学习目标

学习动机是激发并维持个体朝向某一目标持续努力的动力。留学生来到中国学习，要想更好地适应中国高校的学习环境，实现自身学术追求，需要制定明确的学习目标，并充分发挥学习主观能动性。

正如学业适应性良好的留学生表示，“老师讲得特别快的时候，我会先用韩语记笔记，课后再补充”“听不懂的内容自己查法语的相关资料进行学习”“我会利用 MOOC（慕课）提前学习相关的课程”“我上课的时候并不能完全听懂，所以课后我会认真复习，而且上课之前我会预习，查出不懂的内容，认真听老师讲相关的部分。”

相反，适应能力较差的留学生更多地表现出自我放弃的态度，“课程实在是太难了，根本就听不懂，去了也是白去，我干脆就不去了。”

相比较这两种不同的学习态度以及适应程度，可以看出留学生自身的主

① Otten Matthias, “Intercultural Learning and Diversity in Higher Education,” *Journal of Studies in International Education*, Vol.7, No.1, 2003.

② Zhou Yuefang, Divya Jindal-Snape, Keith Topping and John Todman, “Theoretical Models of Culture Shock and Adaptation in International Students in Higher Education,” *Studies in Higher Education*, Vol.33, No.1, 2008.

观能动性在学业适应的过程中扮演了重要的角色。因此，留学生应树立主动学习的意识，提高学习的积极性与主动性，这样才能够更好地适应当前的学习环境。

第七章 “一带一路”学术职业流动与教师专业发展——基于对30个沿线国家的分析

刘 进（北京理工大学人文与社会科学学院 副教授）
马丽娜（北京理工大学人文与社会科学学院 硕士研究生）
闫晓敏（北京理工大学人文与社会科学学院 硕士研究生）
宋文红（中国海洋大学 教授）

“一带一路”高等教育研究的关键之一应聚焦于学术职业生态系统分析，主要应回答“一带一路”学术职业“从哪里来”“到哪里去”这两个基本问题。“从哪里来”即“一带一路”学术职业的来源问题，包括学术职业的数量规模，来源国别与地区，来源高等教育系统的层次、类型、质量等问题；“到哪里去”则主要应回答“一带一路”学术职业的现实质量和未来发展趋势问题，包含学术职业的国际化程度、流动性水平和流动能力等关键问题。新时期，推动以“民心相通”为核心目标的“一带一路”高等教育建设发展，必须摸清家底、发现问题、寻找规律，并通过研究方法创新，通过更加系统深入的实证研究，得到更为科学和稳定的研究结论。在此方面，本章通过近年来比较通行的简历分析法（CV Analysis），对沿线国家学术职业的上述两个问题作出科学回答。教师专业发展水平体现了教师工作者的素质和水平，探清教师专业发展水平更有利于一带一路教育研究者全面把握沿线国家教育水平。“一带一路”沿线国家教师专业发展问题的研究则主要通过大数据全样本分析，全面收集获取“一带一路”国家不同教育层次系统教师受训率指标，完成不同国家、地区间的分析、比对，以期得出沿线国家教师专业发展水平。

一、文献综述与分析框架

“一带一路”倡议提出以来，推动高等教育共同发展成为中国与沿线国家的共识。习近平总书记在党的十九大报告中指出，要以“一带一路”建设为重点，坚持“引进来”和“走出去”并重，遵循共商共建共享原则，加强创新能力开放合作，形成陆海内外联动、东西双向互济的开放格局。在“一带一路”高等教育建设进程中，学生和教师的跨国流动是教育国际化推行的主要方面。其中，大学教师流动及更为宽泛的学术职业流动正成为“一带一路”学术劳动力市场运行状况的关键表征。学术职业流动既历史悠久又不断发展，早在中世纪时期“跨国流动学者的数量甚至超过20世纪现代大学制度建立后世界上的很多国家”①。当代各国大学教师流动更为频繁,学术职业成为国际化职业。一项10国学术职业的调查显示，高校教师向外国流动的比例非常高②；英国27%的大学教师是非英国的，过去20年里这一比例上升了50%③；1/4的剑桥大学教师来自海外④；大多数经济合作与发展组织（OECD）成员国“大大得益于其他国家的学者流动”，成员国大多将促进流动作为吸引高级人才的潜在途径，逐步放松高层次人才移民政策⑤。

近年来，学术职业流动引起了国内理论界与实践界的广泛重视。习近平总书记多次提出，要着力完善人才发展机制……打通人才流动、使用、发挥作用中的体制机制障碍⑥。课题组前期实证研究发现，如果将世界不同学术系统的大学教师流动情况做成二维四象限图，马来西亚等“一带一路”沿线国

① Catlos, Brian A, “Lost Civilization : The Contested Islamic Past in Spain and Portugal–By James L. Boone,” *Religious Studies Review*, Vol. 37, No. 1, 2011.

② Tom Casey, Sami Mahroum, Ken Ducatel and Remi Barré, “The Mobility of Academic Researchers : Academic Careers and Recruitment in ICT and Biotechnology,” *European Commission : Joint Research Centre*, 2001.

③ Universities U. K, Policy Briefing. Talent Wars : *The International Market for Academic Staff*, London : Universities UK, 2007.

④ Kim Terri, “Shifting Patterns of Transnational Academic Mobility : A Comparative and Historical Approach,” *Comparative Education*, Vol. 45, No. 3, 2009.

⑤ Tremblay Karine, “Academic Mobility and Immigration,” *Journal of Studies in International Education*, Vol. 9, No. 3, 2005.

⑥ 中国政府网，中共中央政治局举行第九次集体学习（http : //www.gov.cn/ldhd/2013-10/01/content_2499370.htm）。

家则主要集中在第二象限和第三象限[1]，反映出沿线国家的学术职业流动性不强。费纳新与李雅鑫等研究也表明，美英德等欧美国家大学教师的流动性水平高于亚洲各国[2]。杨茂庆指出，早期美国大学普遍采用本校毕业生留校的教师聘用制，导致缺乏学术个性，不利于学术交流[3]。已有研究显示，中国在高等教育大众化初期及以前也存在类似美国早期的学术职业低流动性情况，“一带一路”沿线国家是否也存在同样问题，值得我们探讨。

在大学教师的国际流动与教师队伍的国际化建设方面，已有研究主要集中在培养教师的国际化流动意识和构建教师流动机制两个方面。如有研究认为，要使大学教师的流动性适度提高，必须强化大学教师的学术职业身份属性、完善职称制度和聘任制度[4]。冯海志指出，教师国际化需要建设一支具备国际化意识的教师队伍[5]。孙德芬提出高校要顺应人才国际化发展的趋势，大力引进海外高层次人才，加强国际交流与合作[6]。孙辉轩认为要积极开拓高校构建国际化师资队伍的新路径，强力推进高校教师的国际化建设[7]。

由此可以看出，学术界关于学术职业流动的研究一般包含两个方面。一方面是入职前学历获得（含博士后工作）阶段的流动情况；另一方面是入职后的职业流动（不包含访问学者等短期职业流动）。本章将主要回答前一个问题，即“一带一路”学术职业的来源问题。

在入职前学历获得阶段的流动方面，汉斯·德维特（Hans de Wit）关于学生流动的研究框架受到广泛认可，他将流动以时间节点划分了全学年、学期、暑期等细致维度[8]。借鉴其思路，课题组对“一带一路”沿线国家和地区大学教师的流动经历考察也做了更精细化的处理。

根据学术流动时段，通过对教师流动经历细化，纵向归类流动时段（本科、硕士、博士），研究学术职业流动性强弱及“一带一路”相关地域对比；

① 刘进、于宜田：《促进跨国学术流动：2000 年以来的欧洲研究区建设研究》，《外国教育研究》2016 年第 43 期。

② 费纳新、李雅鑫：《美国研究型大学教师流动政策与实践》，《教育现代化》2016 年第 29 期。

③ 杨茂庆：《美国研究型大学的教师流动政策与实践研究》，《中国教育政策评论》2012 年第 1 期。

④ 费纳新、李雅鑫：《美国研究型大学教师流动政策与实践》，《教育现代化》2016 年第 29 期。

⑤ 冯海志：《地方高校师资队伍国际化探析》，《韶关学院学报》2008 年第 28 期。

⑥ 孙德芬：《高校师资队伍国际化建设的机制构建》，《教育评论》2012 年第 3 期。

⑦ 孙辉轩：《论高校师资队伍国际化建设》，《长江大学学报（社会科学版）》2014 年第 37 期。

⑧ De Wit, Hans, Irina Ferencz and Laura E. Rumbley, “International Student Mobility: European and US Perspectives,” *Perspectives Policy & Practice in Higher Education*, Vol. 17, No. 1, 2013.

根据学术流动区域，对教师流动的地域划分，横向归类流动区域，研究教师流动的方向和趋势及“一带一路”地域间流动情况，并与中国进行对比；根据学术流动与人口统计学，区位和学位变量进行多元回归分析，总结各区域情况，研究学术流动与教师是否有线性关系及各区域博士化与流动相关情况如何。

教师专业发展也是长期以来学界研究和讨论的热点问题。相关研究认为，影响教师专业发展的因素既有宏观因素，也有微观因素，有基于客观层面的研究，也有基于主观层面的研究。如宏观层面有学者认为是社会和学校提供的环境条件影响了教师的专业发展（刘海霞，2013），微观层面有个人自身，如思想意识、能力素质等因素对教师专业发展的影响（王均永，2016）。多数学者倾向于把教师专业发展研究聚焦于主客观因素影响研究上。在主观层面上，如英国学者劳顿（Lawton，2005）提出内隐的教学思想变化会影响教师教学行为。国内学者则认为教师专业素养、发展动力、性格特征等因素对教师专业发展影响更大。在客观层面上，劳顿（Lawton）认为多媒体技术、远程教学对教师专业发展产生影响；麦克·杨认为课程内容的变化也会对教师专业发展产生深远影响。此外，教师专业发展的政策引导、资金支持都会影响教师专业发展水平（吴文胜，2018）。也有研究转向教师本体论等哲学层面研究（郭芳，2017）。

学术界关于教师专业发展方向的研究主要方向集中于宏观微观、主观客观等角度。探究“一带一路”国家教师专业发展，宏观层面存在的问题有：各个国家教师专业发展政策不一致。学校数量庞杂，层次多元，社会发展水平不均衡，且与国际化教师专业发展水平相关性不大。从微观层面分析，“一带一路”沿线国家教师个体自身因素难以全面把控。主观层面上教师群体的专业素养、能力水平、性格特征更是难以一一采集。因此，课题组根据可收集到的数据，用“教师受训率”这一指标来体现教师专业发展水平。

二、研究方法与数据来源

（一）教师流动

运用简历分析法，通过对“一带一路”沿线国家大学教师的简历进行收集、整理，对上述有关问题作出回答。课题组从“一带一路”沿线64个国家里抽取了 30 个国家作为研究对象。为保证样本选取的普遍性，抽样按照“一带一路”区域的东亚、东南亚、南亚、西亚、中亚、中东欧划分进行国别选择，共选取了东亚 1 国，东南亚 6 国，西亚 13 国，南亚 5 国，中亚 1 国和中东欧 4 国。同时为缩小研究样本的学科差异，课题组统一选取理工类学科专业大学教师作为研究对象，原则上抽取各国顶尖大学的教师简历数据。由于部分官网未公布其教师的详细情况，或存在简历信息不完整的问题，或部分国家高校未设置英文网页页面，本次数据尽量选取该国排名靠前的大学收集。数据收集和清洗过程主要为按照地域分布，选定代表国家。使用 2018QS 世界大学排名，选取各国顶尖大学，通过维基百科，使用谷歌浏览器进入该大学官网，进入理工类专业界面，查找教师简历（Curriculum Vitae），将基础信息完整的简历进行统计整理，舍弃信息不完整的样本，将不显示或无法获取教师简历的大学更换为其他大学。

本章运用简历分析法采集和分析沿线国家大学教师的总体情况。所采集指标包括“国家”“性别”“职称”“本科就读学校信息”“硕士就读学校信息”“博士就读学校信息”等内容。共完成 512 个样本采集，其中教授 211 人，副教授 108 人，讲师 59 人，助教 134 人；男性 369 人，女性 143 人；博士 438 人，非博士 74 人。变量描述与统计如表 7-1 所示。

表 7-1 变量描述与统计

变量	定义与编码	均值	标准差
国家	1= 新加坡，2= 马来西亚，3= 俄罗斯，4= 土耳其，5= 阿联酋，6= 卡塔尔，7= 埃及，8= 印度，9= 阿富汗，10= 哈萨克斯坦，11= 希腊，12= 巴林，13= 科威特，14= 巴基斯坦，15= 蒙古，16= 印度尼西亚，17= 缅甸，18= 罗马尼亚，19= 以色列，20= 约旦，21= 阿曼，22= 塞浦路斯，23= 孟加拉，24= 斯里兰卡，25= 泰国，26= 格鲁吉亚，27= 波兰，28= 伊朗，29= 沙特阿拉伯，30= 柬埔寨	15.04	8.416
地区	1= 东亚，2= 东南亚，3= 西亚，4= 南亚，5= 中亚，6= 中东欧	3.39	1.325
性别	1= 男，2= 女	1.28	0.449
年龄	1=25 岁以下，2=26~45 岁，3=46~65 岁，4=66 岁以上	2.564	0.638
职称	1= 教授，2= 副教授 / 准教授，3= 讲师，4= 助教	2.2	1.227
是否博士	1= 博士，2= 非博士	1.15	0.358

(二)教师专业发展

教师专业发展的数据采集按照教师流动 30 个国家编码的顺序进行采集，以"教师受训占比"作为主要采集指标；以 2007—2014 年间作为主要时间段。其中，主要采集 2012、2013、2014 年作为最优年份，可考察"一带一路"政策实施前后沿线国家教师专业发展水平。其中若 2012—2014 年份数据缺失则选取 2007—2011 年间数据，总体不影响近 8 年间教师专业发展总体情况。一带一路国家教师受训率见表 7-2。

表 7-2 "一带一路"国家教师受训率

编码	国家	地区	年度	学前教育受训教师占比(%)	小学教育受训教师占比(%)	中等教育受训教师占比(%)
1	新加坡	东南亚	2009	94.346 8	91.632 4	91.681 9
			2008	97.075 7	96.529 2	97.041 3
			2007	96.059 2	94.427 0	94.739 2
2	马来西亚	东南亚	2014	99.987 5	98.595 4	97.580 6
			2013	99.125 7	96.444 1	98.589 7
			2012	98.810 8	96.432 8	99.415 8
5	阿联酋	西亚北非	2001	57.139 8	54.640 2	52.069 6
			2000	55.752 8	53.082 2	50.023 9
6	卡塔尔	西亚北非	2009	45.198 0		
			2008	54.137 7	50.561 2	52.821 7
			2007	62.210 7		
7	埃及	西亚北非	2014	74.372 7	75.125 7	68.102 6
			2013	73.724 5	74.461 1	69.400 8
10	哈萨克斯坦	中亚	2015	100.000 0	100.000 0	100.000 0
12	巴林	西亚北非	2014	49.698 9	83.438 7	84.943 6
			2013	46.737 6	83.041 9	84.490 4
			2012	47.144 4	82.062 3	82.546 8
13	科威特	西亚北非	2014	75.282 4	82.199 6	
			2013	73.202 3	77.155 5	
			2012	73.363 0	77.744 2	79.144 3

续表

编码	国家	地区	年度	学前教育受训教师占比（%）	小学教育受训教师占比（%）	中等教育受训教师占比（%）
14	巴基斯坦	南亚	2014	74.452 3		
			2013	76.059 5		
			2012	83.907 1		
15	蒙古	东亚	2012	93.601 0	99.360 7	
			2011	93.012 3	98.542 9	
			2010	80.555 6	97.518 6	95.530 8
17	缅甸	东南亚	2014	48.428 5	99.548 0	93.825 4
			2010	58.608 3	99.860 2	98.804 3
			2009	51.555 3	98.870 1	96.998 8
21	阿曼	西亚北非	2014	100.000 0		
			2013	100.000		
24	斯里兰卡	南亚	2013	80.243 2	72.061 9	
			2011	82.390 4	82.110 3	
			2010	82.110 2		
26	格鲁吉亚	西亚北非	2009	94.589 8	94.715 0	94.715 0
			2008	94.988 9	94.988 3	95.252 2
28	伊朗	西亚北非	2014	100.000 0	100.000 0	100.000 0
			2013	100.000 0	100.000 0	100.000 0
29	沙特阿拉伯	西亚北非	2014	100.000 0	100.000 0	100.000 0
			2013	100.000 0	100.000 0	100.000 0
30	柬埔寨	东南亚	2014	100.000 0	100.000 0	100.000 0
			2013	100.000 0	100.000 0	100.000 0

数据来源：CSMAR 国泰安数据服务中心

其中，新加坡、马来西亚等东南亚国家教师受训率占比达 90% 以上，柬埔寨教师则 100% 受训，教师专业化程度总体较高。但也存在同一国家内不同学段教师受训率存在差异的情况。如缅甸初等、中等教师教育受训率在

90%左右，但学前教师受训占比不高，在50%左右。西亚北非国家则呈现两极差异，如阿联酋、卡塔尔教师受训占比在50%左右，而伊朗、沙特阿拉伯国家教师受训占比则高达100%。这说明西亚北非地区教师专业发展水平也呈两极分布。另一方面，从同一国家连续年份间的教师受训占比可以看出国家对教师专业发展的重视与投资程度。如巴林在2012—2014年间教师受训占比呈上升趋势，可以看出该国教师专业发展不断提高。但巴基斯坦、缅甸、斯里兰卡的教师受训占比却在逐年递减，说明在这些国家中从事教师职业群体接受培训的人数占该国教师总数近几年呈下降趋势。则这些国家教师专业发展应引起足够重视，教育主管部门应采取教师培训、职前专门化教育、职后教师专业发展等举措促进该国教师发展。

本课题组进一步设计得出不同地区间教师专业发展情况，以进一步宏观把握“一带一路”沿线国家师资教育水平，为不同国家间高校教师发展提供参考和政策建议。研究设计将在本节说明，研究结果在下一节展开。具体思路将按照地区编码，1=东亚，2=东南亚，3=西亚，4=南亚，5=中亚，6=中东欧的研究设计，重新对30个国家按六大区域教师受训情况进行分析。提取数据库中近3年教师受训占比数据，得出平均受训率。若2012—2014年间数据缺失，则选取数据库中其他最近年份的数据。这并不影响观察和分析近8年间不同地区教师发展水平。划分地区分析为的是比较不同地区间教师发展水平。同一地区间不同国家间比较为的是回答国家内教师专业发展是否存在显著差异的问题。

三、研究发现

（一）学术流动时段：7种流动类型的比较

课题组在数据库中选取有海外攻读学位经历的教师，依据学位读取时段划分为“单纯本科就读于海外”“单纯硕士就读于海外”“单纯博士就读于海外”“本科硕士就读于海外”“本科博士就读于海外”“硕士博士就读于海外”“本科硕士博士就读于海外”7个类型。按照“一带一路”的地域划分，形成各地区学术流动时段的分布（图7-1）。

可以发现，东亚地区“单纯本科就读于海外”与“本科硕士就读于海外”的比例较低，说明东亚地区教师在本科硕士阶段几乎很少流动。“单纯博士就读于海外”与“本硕博就读于海外”的比例分别达到25%和15%，说明东亚地区偏向于高学历阶段流动，并且整体流动性一般。东南亚地区硕士或博士就读于海外的比例分别为13.83%和15.96%，说明东南亚地区也更偏向于高学历流动，本硕博均就读于海外的比例仅为10.64%，整体流动性一般。南亚地区博士就读于海外比例高达45.24%，表明了绝对的高学历流动偏向。西亚地区博士就读于海外的比例为15.93%，同样有高学历流动的趋势。中东欧地区集中在硕士博士就读于海外的维度，高学历流动性较强。

总体流动水平方面，西亚国家学术职业跨国来源比例最高（76.55%），随后是南亚国家（75%）、东南亚国家（55.32%）、东亚国家（55%）和中东欧国家（46.58）。在7种流动类型的比较方面，东亚（25%）、东南亚（15.96%）、南亚（45.24%）三地最高比例的流动类型均为“单纯博士就读于海外”，中东欧地区（16.44%）最高比例的流动类型为“硕士博士就读于海外”，西亚地区（37.61%）最高比例的流动类型则为“本科硕士博士就读于海外”，反映了“一带一路”沿线不同地区的显著性学术职业流动性差异。

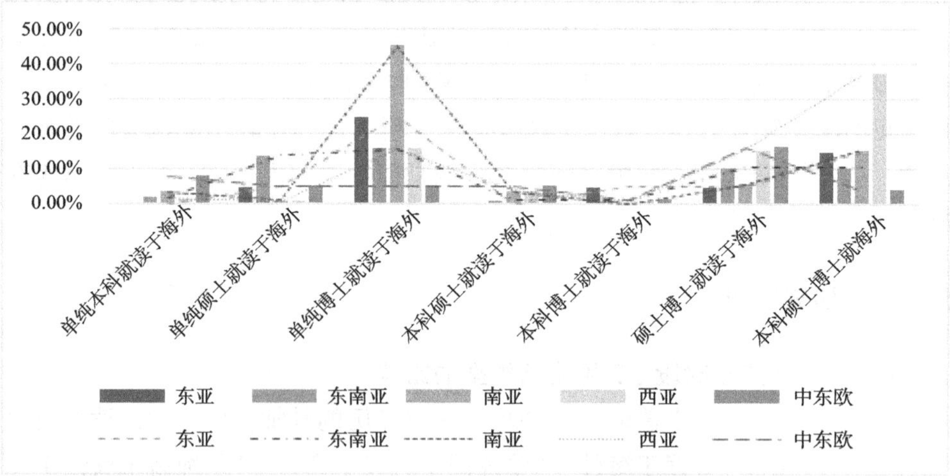

图7-1 “一带一路”各地区流动时段分布

（二）学术流动区域：西欧和美国等发达国家和地区对人才的吸引力更大

1. 学术流动的区域对比

本章进一步将学术职业流动的对象地区分为“向发达国家的流动”和“向‘一带一路’国家的流动”两种类型，并运用研究数据绘制流动图谱（图

7-2）。总体来看，“一带一路”学术职业就读于发达国家的比例很高，东南亚和南亚地区学术职业在各个学历阶段在发达国家就读的比例均超过70%。中东欧地区“博士就读于发达国家”比例高达89.47%。“一带一路”各国就读于“一带一路”国家的比例整体偏低，但本科就读于“一带一路”国家的人数较多，尤其是在东亚地区，本科阶段流动的教师几乎都在“一带一路”国家就读。博士就读于“一带一路”国家的比例偏低，其中，中东欧地区最低，仅为10.53%。本科阶段整体对比不明显，中东欧、西亚与东亚地区本科就读于“一带一路”沿线国家的人数多于就读于发达国家的人数。硕士与博士学位阶段“一带一路”各地区就读于发达国家的比例远远高于就读于“一带一路”国家的比例，且中东欧地区在博士阶段的流动明显达到较高水平。东亚地区的流动性较差，与上文学历阶段流动的呈现一致。欠发达国家学生各学历阶段面向发达经济体和高等教育强国流动是目前国际主流观点，如中国学生流动目的地多是以发达国家为主的经合组织[①]，类似观点与本章所发现的一致。

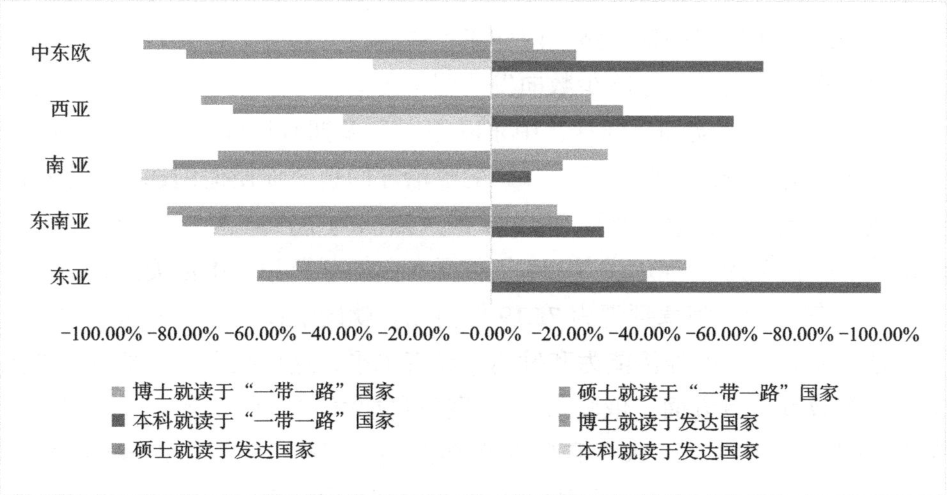

图7-2 “一带一路”国家流动区域对比[②]

① 《国内学生选择去美国留学人数众多》，2013年（http：//www.docin.com/p-668698322.html）。

② 本章研究发达国家样本包括21国，分别是美国、加拿大、日本、韩国、奥地利、比利时、丹麦、芬兰、法国、德国、爱尔兰、卢森堡、荷兰、挪威、葡萄牙、西班牙、瑞典、瑞士、英国、澳大利亚、新西兰。

2. 学术流动的学术机构分布

本章进一步对“一带一路”学术职业跨国流动的学术机构进行统计分析。一般而言，影响跨国学生流动的因素主要集中在 4 个方面：地域因素、文化因素、经济因素和高等教育质量因素。数据统计显示，“一带一路”学术职业在“一带一路”内部流动的目的地地区中，西亚地区（66.67%）最受青睐，这表明西亚地区的出境人才更偏向于自己本地区的流动。从地缘因素来看，西亚地区的出境人才更愿意选择邻近居住国的国家进行流动。从文化因素来看，西亚地区文化比较保守，与其他地区文化差异较大，西亚地区人才不愿意选择其他文化背景的国家进行学习。从经济因素分析，相关文献表明，国内生产总值与高等教育情况密切相关[①]。埃及国内生产总值为 301 亿美元，约旦为 35.82 亿美元，沙特阿拉伯为 754 亿美元，伊拉克为 229 亿美元，黎巴嫩为 45.7 亿美元，也门为 43.2 亿美元，从这些数据可以看出，沙特阿拉伯、埃及、伊拉克较其他所列地区经济更为发达，在西亚地区学校的选择中，埃及的开罗大学、伊拉克的巴格达大学在世界大学排名在 500 强之列，这些学校成为“一带一路”沿线国家出境人才的重要选择。

中东欧地区在“一带一路”内部流动的学校分布中也占有较大比例。一方面是中东欧地区的人才除少数向发达国家流动之外，受地缘因素影响更多会选择向周边国家流动。同样，中东欧地区大多拥有比较相似的历史文化，并建立了相对亲密的联盟关系，一定的政治导向也会促使他们选择在中东欧地区内部流动。在经济方面，2014 年俄罗斯国内生产总值为 2 050 亿美元，希腊为 236 亿美元，乌克兰为 134 亿美元，白俄罗斯为 761 亿美元，格鲁吉亚为 16.5 亿美元，阿塞拜疆为 75.19 亿美元。就读学校有分布的这些国家相对其他国家有较好的经济能力和发达的经济水平，这也吸引了一部分人才流动。高等教育质量方面，俄罗斯的莫斯科国立大学在 QS 世界大学排名中位于第 75 名，乌拉尔国立大学和乌克兰的哈尔科夫国立大学也在 500 强之列。具备这些综合因素的学校使得不愿意或者没有能力到发达国家进行流动的人才有了较好的选择。“一带一路”就读学校分布见表 7-3。

---

① 杨进：《中亚五国贫困问题研究》，博士学位论文，中国社会科学院研究生院，2010 年，第 13-15 页。

表 7-3 “一带一路”就读学校分布

地区		国家		学校	University	
西亚 West Asia	66.67%	埃及 Egypt	27.54%	艾斯尤特大学	Assiut University	4.35%
				艾因·夏姆斯大学	Ain Shams University	1.45%
				奥巴费米亚沃洛沃大学	Obafemi Awolowo University	2.90%
				开罗大学	Cairo University	11.59%
				曼苏拉大学	Mansoura University	7.25%
		约旦 Jordan	18.84%	艾资哈尔大学	al-azhar University	11.59%
				亚尔穆克大学	Yarmouk University	5.80%
				约旦大学	The University of Jordan	1.45%
		沙特阿拉伯 Saudi Arabia	7.25%	阿拉伯大学	Arabia University	1.45%
				伊玛目穆罕默德·伊本·沙特伊斯兰大学	Al-Imam Muhammad Ibn Saud Islamic University	4.35%
		伊拉克 Iraq	7.25%	巴格达大学	University of Baghdad	7.25%
西亚 West Asia	66.67%	黎巴嫩 Lebanon	1.45%	贝鲁特阿拉伯大学	Beirut Arab university	1.45%
		叙利亚 Syria	2.90%	大马士革大学	University of Damascus	2.90%
		也门 Yemen	1.45%	萨那大学	Sana’a university	1.45%
北非 North Africa	10.14%	突尼斯 Tunisia	8.70%	突尼斯大学	University of Tunisia	5.80%
				栽突那大学	al-Jamial-Zaytun University	2.90%
		摩洛哥 Morocco	1.45%	穆莱伊斯梅尔大学	Moulay Ismail University	1.45%
中东欧 Central and Eastern Europe	13.04%	俄罗斯 Russia	4.35%	莫斯科国立大学	Lomonosov Moscow State University	2.90%
				乌拉尔国立大学	Ural State University	1.45%
		乌克兰 Ukraine	4.35%	哈尔科夫国立大学	Haerkof State University	4.35%
		希腊 Greece	4.35%	克里特大学	The University of Crete	4.35%

续表

地区		国家		学校	University	
东南亚 Southeast Asia	8.70%	马来西亚 Malaysia	8.70%	马来西亚国际伊斯兰大学	The International Islamic University Malaysia	8.70%
南非 South Africa	1.45%	南非 South Africa	1.45%	西北大学	The North-West University	1.45%
南亚 South Asia	1.45%	印度 India	1.45%	德里大学	The University of Delhi	1.45%

3. 中国与其他“一带一路”学术职业流动的对比

课题组收集了2015年中国人才流动的情况，具体信息如图7-3所示。由于一些数据缺失，此处整理了“一带一路”国家和几个典型发达国家的数据进行对比分析。如图7-3所示，发达国家很明显吸引了绝大多数的人才，而“一带一路”国家对中国人才流动的吸引微乎其微。这说明中国学术流动的不平衡，而这一点与其他“一带一路”国家一致。在中国2015年出国留学人数的统计数据中，课题组整理了中国学生对“一带一路”地区国家的流动情况，如图7-4所示。中国向“一带一路”沿线国家的流动情况，这里同样使用上述4个因素进行分析。地域因素上，俄罗斯、马来西亚、泰国较其他“一带一路”国家，尤其是希腊、立陶宛等中东欧国家为中国人才流动提供了地利之便。这些国家由于地域相近，文化沟通紧密，因而更容易包容中国的流动人才。经济因素上，马来西亚、泰国较其他国家有一定的经济优势。如上述提到的俄罗斯的高等教育质量远高于其他发展中国家水平，这也影响了中国人才的流动偏向。

在采集的样本中，仅1人本科硕士阶段在中国就读，5人博士阶段在中国就读，且大多就读于中国香港地区的香港大学。在联合国教科文的官方数据中，中国2015年出境学生人数约为80万左右，入境学生人数约为12.31万。与上文调查发现相似的是，中国与“一带一路”沿线国家的人才流动目的地都集中在了发达地区，从图中可以看出中国流向“一带一路”沿线国家的人数占比较低，可以看出中国与“一带一路”沿线国家的联系不够紧密。

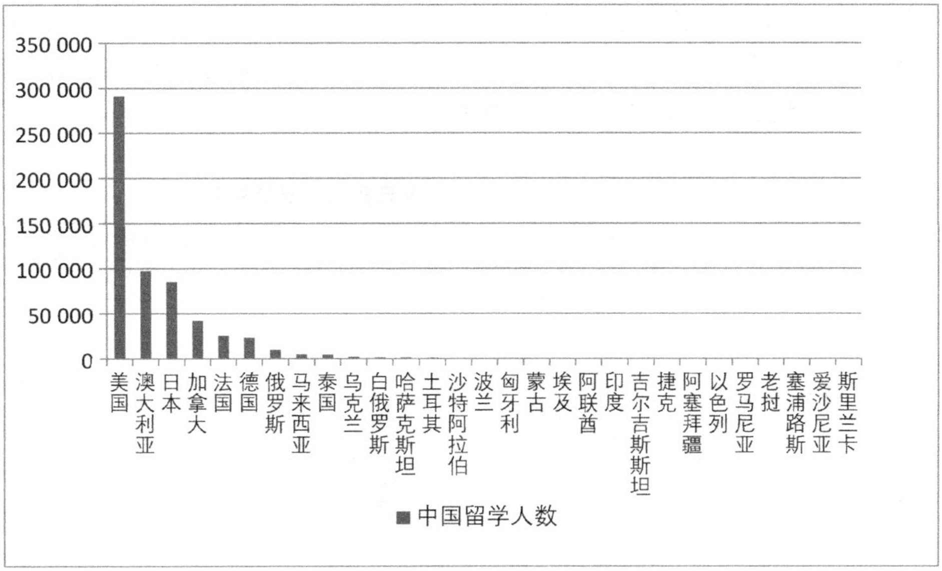

图 7-3　2015 年中国人才流动情况

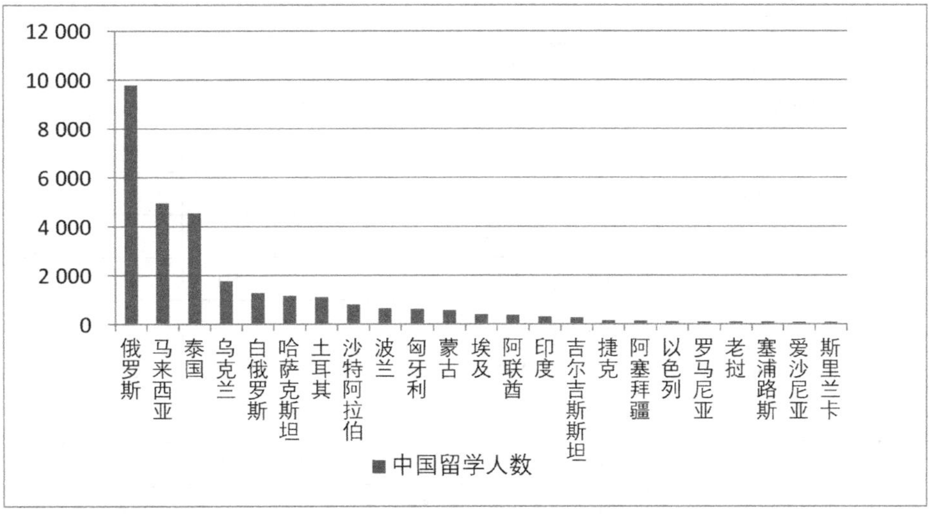

图 7-4　中国向“一带一路”国家流动情况

（三）学术流动影响因素：多元回归分析

课题组将收集的所有有效样本，按照表 7-1 的描述与定义，选取 7 个可以参与回归模型的变量，即“有过海外学位留学生经历”（简称“学术流动")、"教师所在国家"(简称"国家"),"教师所在地区"(简称"地区")、"性别"、"年龄"、"是否获得博士学位"、"职称",并计算这7个变量之间的皮尔森相关系数,具体结果如表7-4所示。

表7-4　"一带一路"教师流动情况与各因素皮尔森系数

		学术流动	国家	地区	性别	年龄	是否博士	职称
学术流动	皮尔森(Pearson)相关	1						
	显著性(双侧)							
	N	512						
国家	皮尔森(Pearson)相关	−0.065	1					
	显著性(双侧)	0.14						
	N	512	512					
地区	皮尔森(Pearson)相关	0.124**	−0.014	1				
	显著性(双侧)	0.005	0.757					
	N	512	512	512				
性别	皮尔森(Pearson)相关	0.034	0.045	0.011	1			
	显著性(双侧)	0.443	0.308	0.8				
	N	512	512	512	512			
年龄	皮尔森(Pearson)相关	0.002	0.107*	−0.104*	0.021	1		
	显著性(双侧)	0.96	0.016	0.019	0.64			
	N	511	511	511	511	511		
是否获得博士学位	皮尔森(Pearson)相关	0.262**	0.027	0.00	0.103*	−0.172**	1	
	显著性(双侧)	0.00	0.549	0.995	0.019	0.00		
	N	512	512	512	512	511	512	
职称	皮尔森(Pearson)相关	−0.025	−0.016	−0.113*	0.109*	−0.238**	0.146**	1
	显著性(双侧)	0.572	0.722	0.01	0.013	0.00	0.001	
	N	512	512	512	512	511	512	512

注:* 表示在0.05水平上相关,** 表示在0.01水平上相关。

将以上所有变量采用多元回归分析法进行分析，教师学术流动与人口学变量（“性别”“年龄”）、区位变量（“地区”“国家”）和学位变量（“是否获得博士学位”“职称”）形成“一带一路”学术职业流动影响因素的回归模型。其中，“地区”和“是否获得博士学位”的相关系数分别为 0.124 和 0.262，且在 0.01 水平上显著相关。具体拟合线性回归的因素在下面进行线性回归时，本章再深入讨论并给出模型。

首先，先给出回归模型的一般公式：

$$y=B_0+B_{1x1}+B_{2x2}+\cdots+B_{kxk}+\varepsilon \tag{1}$$

式（1）中，B_0，B_1，B_2，…，B_k 是模型的参数，即上述三类影响因素；ε 为误差项。

由表 7-5 的流动模型系数可知，模型的调整相关度 R^2 为 0.115，这表明对其他“一带一路”国家流动而言，11.5% 的变化范围可以通过用性别、年龄、地区、国家、是否获得博士学位、职称等的线性综合值来进行同步评测。模型显示，“年龄”“地区”“是否获得博士学位”对“一带一路”学术人才流动都有显著影响。因此，通过“年龄”“地区”“是否获得博士学位”可以对教师学术流动情况进行预测。模型变量类型如表 7-6 所示。

表 7-5 流动模型系数

模型		非标准化系数		标准化系数	T 值	显著性
		B	标准错误	Beta		
1	（常数）	0.999	0.11		9.07	0.000
	性别	0.006	0.045	0.005	0.123	0.902
	年龄	−0.004	0.001	−0.189	-4.38	0.000
	国家	−0.002	0.002	−0.042	−0.992	0.322
	地区	0.042	0.015	0.118	2.812	0.005
	是否博士	0.327	0.057	0.245	5.744	0.000
	职称	−0.009	0.017	−0.022	−0.51	0.610
	R	0.354[a]	R^2	0.125		
	调整后 R^2	0.115	标准偏斜度错误	0.45		

表 7-6 模型变量类型

变量		显著关系
人口统计学变量	性别	正向
	年龄	负向
区位变量	国别	负向
	地区	正向
学位变量	博士学位	正向
	职称	负向

将得到的流动模型系数中的不显著因素剔除，把“年龄”“地区”“是否博士”3个变量系数代入公式中，得到流动模型为：

$$y=0.327x_1+0.042x_2-0.004x_3+0.999+\varepsilon \quad (2)$$

（y为“进行学术流动”；x_1为“是否博士”；x_2为“地区”；x_3为“年龄”）

由公式（2）得，“是否获得博士学位”“地区”“年龄”3个变量中，“是否获得博士学位”对流动的影响最大，其次是“地区”，最后是“年龄”。“是否获得博士学位”“地区”为正相关，“年龄”为负相关。

进一步将是否有具有流动经历与是否获得博士学位，做成二维四象限图，并将6个地区在相关象限的频率做一呈现。可以发现，有流动经历且获得博士学位的人数整体较多，尤其在东亚、南亚和西亚地区表现明显。但在中亚地区，教师不论是否获得博士学位，流动性都较差，这一点可能与其文化政治有关，如有学者提到，中亚各国的传统文化相对保守，不利于加速融入世界一体化进程。中东欧地区与其他地区有一些差别，整体看来，该地区没有流动经历的教师多于有流动经历的教师。这一方面可能是因为中东欧地区国家普遍较其他地区国家发达，各国内部可以满足本科和硕士研究生阶段的教育。如图7-5所示。

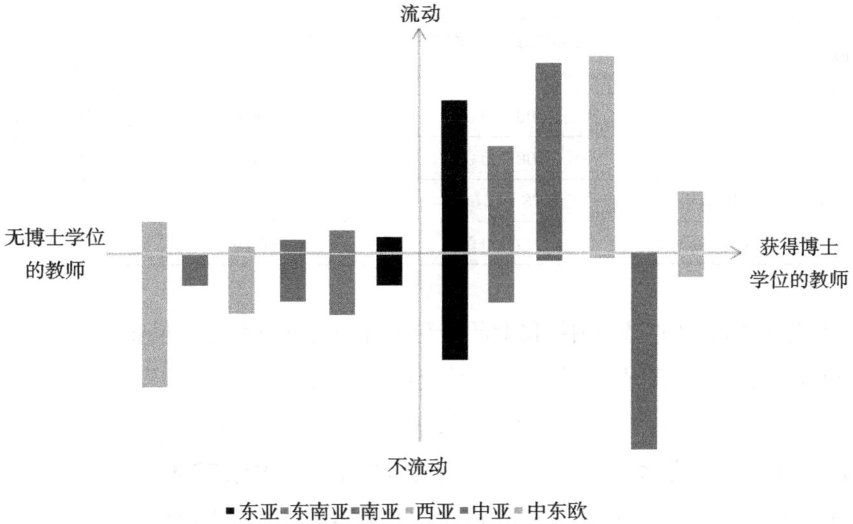

图 7-5 "一带一路"国家学术职业在流动与学历分类的呈现

（四）教师专业发展：平均值比较

"一带一路"国家教师平均受训占比见表 7-7。

表 7-7 "一带一路"国家教师平均受训占比

地区	国家	学前教育受训教师占比（%）	小学教育受训教师占比（%）	中等教育受训教师占比（%）
东亚	蒙古	89.056 3	98.474 1	95.530 8
	新加坡	95.827 4	94.196 2	94.487 5
东南亚	马来西亚	99.308 0	97.207 8	98.052 9
	缅甸	52.864 0	97.426 1	96.542 8
西亚北非	阿联酋	54.616 5	53.861 2	51.046 8
	卡塔尔	53.848 8	53.850 9	52.821 7
	埃及	74.048 6	74.793 4	68.751 7
	巴林	47.860 3	82.847 6	83.993 6
	科威特	73.949 2	79.033 1	79.033 1
	阿曼	100.000 0	空缺	空缺
	格鲁吉亚	94.789 4	94.851 6	94.983 6

续表

地区	国家	学前教育受训教师占比（%）	小学教育受训教师占比（%）	中等教育受训教师占比（%）
	伊朗	100.000 0	100.000 0	100.000 0
	沙特阿拉伯	100.000 0	100.000 0	100.000 0
南亚	巴基斯坦	78.139 6	空缺	空缺
中亚	哈萨克斯坦	100.000 0	100.000 0	空缺

从表 7-7 得到的数据中可以清晰看出东亚、东南亚、西亚北非、南亚和中亚地区及国家的教师受训占比，反应该地区及国家的教师发展水平。其中，在东南亚地区，缅甸（52.864 0%）与新加坡、马来西亚国家在学前教育受训教师占比存在较大差异，明显低于新加坡（95.827 4%）和马来西亚（99.308 0%）。西亚北非地区的教师受训占比呈 3 个梯度分布。伊朗、沙特阿拉伯在第一梯队，教师受训占比全部实现 100%。列入第一梯队的国家还有阿曼和格鲁吉亚。埃及、科威特国家则位于第二梯队，总体教师受训率保持在 70% 左右。阿联酋、卡塔尔教师受训占比明显较低。总体保持在 50% 左右，说明这两个国家平均每两个教师中就有一个未参加过培训。教师受训占比有很大提升空间。巴林则在横向对比中突出，其学前教育教师受训占比远低于小学教育和中等教育阶段教师受训占比。在南亚和中亚地区，教师发展水平整体较高。

四、研究结论与不足

本章通过将教师流动经历细化，纵向按流动时段（本科、硕士、博士）进行归类，分析“一带一路”地区学术流动性强弱；将教师流动的地域细化，横向按流动区域进行归类，分析教师流动的方向和趋势及“一带一路”地域间流动情况；将学术流动与人口统计学，区位和学位变量进行多元回归分析，建立“一带一路”人才流动模型并总结各区域博士化与流动相关情况。从上文分析可知，首先，从学术职业流动的时段来看，“一带一路”沿线国家的人才更偏向于在高学历阶段的流动，且流动性水平较低。其次，从学术职业流动的区域来看，更多的“一带一路”沿线国家倾向于向发达国家的流动，且表现出本科阶段更愿意在“一带一路”沿线国家学习，硕士与博士阶段更多选择在发达国家就读的倾向。在发展中国家间的流动中，“一带一路”沿线国家之间的流动要多于“一带一路”国家与其他发展中国家的流动，且由于地域、文化、经济和高等教育质量等因素，使一部分人才更愿意在“一带一路”沿线国家间进行流动。将中国的出境人才流动的情况加以对比，同样验证了发达国家吸引了更多的学术流动人才。而流动目的地主要为俄罗斯、马来西亚和泰国等国家，这用以上4个因素也可以得到解释。最后，人才流动与“年龄”“地区”“是否获得博士学位”是显著相关的，并得到了“一带一路”人才流动模型，这也再次证明了学术职业的国际化更容易在高学历阶段发生。将流动和不流动与获得博士学位和无博士学位做成象限表分析，更加明显地展示了学术和流动间的相关情况。在“一带一路”地区、东亚、东南亚、南亚以及西亚，有流动经历的获得博士学位教师占有绝对性比例。而在中亚地区，由于文化经济等原因，无论是否获得博士学位的教师都很少流动。中东欧地区不流动的比例略高于流动的比例，这在一定程度上也可以用相对发达的经济情况与较优越的教育质量来解释。

本章是课题组尝试建立“一带一路”学术职业研究数据库的探索过程。到目前为止，研究本身还存在一些不足之处。一是限于篇幅，本章只回答了“一带一路”学术职业从哪儿来的问题，尚未回答其向哪儿去的问题，对此，本课题组将另文探讨。二是样本选择的国别存在一定的失衡，区域代表性不足，按照最初的研究设计需要平衡沿线不同地区的样本国数量，但实际工作中显示部分地区的大学包括著名大学缺乏英文版本的教师简历，也因此在一定程度上调整了样本设计。三是样本量偏小，一般的简历分析法样本涵盖几百到数万份简历不等，本课题组前期完成的中国研究型大学和学术机构简历库就达到14万份左右。“一带一路”学术职业简历库建设面临工作语言等现实困难，建设难度和工作量大幅增加。本课题组将在后续研究中进一步增加样本量和样本代表性，形成更深入的研究成果。

在教师专业发展研究中，本章试图通过收集“一带一路”沿线30个国家学前、初等、中等、高等教育阶段全样本的数据来统计分析“一带一路”教师专业发展状况，由于部分国家和学段数据的缺失，对本章研究结果的精确性造成一定程度的影响。但经课题组学者和研究人员讨论，教师专业发展的数据和教师职业流动的数据已涵盖预想研究设计的数据，可完成一项完整的教师流动和专业发展研究。课题组会后续跟进"一带一路"教师专业发展数据库的建设，不仅如此，更多"一带一路"沿线国家师生比、教育财政投资等数据都在收集当中，以期为"一带一路"教育发展作出更大的贡献。

五、"一带一路"教师专业发展对策

国际化日益成为衡量一个国家高等教育发展程度的重要指标。教师作为高等教育的直接传播者，其国际化程度也是院校水平的基本考核指标。同时，教师专业发展是一个持续不断的长期过程，而教师的跨境流动和学位攻读无形中增长了其国际化视野和更前沿的专业素养。目前，"一带一路"国家学术职业的流动仍以向发达国家和传统的留学目的国为主（主要是北美和西欧），这在一定程度上也表现出教师愿意接受更先进和更完善的高等教育以发展自身的专业性，对于本国高等教育的质量和人才培养有着良好的师资积累，但高素质人才的流失风险增大，也成为"一带一路"高等教育系统的潜在威胁。在流动的学位时段上，教师更偏向于高学位的流动（主要是博士学位流动），且流动水平较低。短暂和低水平的学位流动不利于教师系统地接受先进高等教育体系，使教师无法做到对母国高等教育进行深入反思和提供借鉴。因此，国家一方面要进一步开放，鼓励教师学术流动，让人才"走出去"，积极吸收高等教育大国先进前沿的专业知识，并输送回国；另一方面也要警惕高素质人才流失，建立"回潮"机制，让优质人才"走回来"，丰富本国教育资源，提高整体师资水平。教师作为专业发展的主体，也应具备全球化视野，有长久发展的职业规划和专业发展目标，在国际平台积极汲取先进文化，拓展知识领域，以促进专业持续发展。基于此，课题组将提出以下对策以促进教师专业发展。

国家层面，应采取更为积极的政策促进教师流动，提高国际化水平，促进教师专业发展。一方面，在"一带一路"倡议下，学术职业流动对本国人才发展带来更加积极的效应。教师流动水平较低的国家，应出台相关政策促进教师专业发展，提高国际化水准。另一方面，将国家教育资金投入用于教师出国交流和教师专业培训方面，优化教师队伍人才素质，提升教师专业发展质量。教师受训率低的国家和地区应加大资金投入，提升教师专业发展。

在落后国家或地区设置教师培训、教师引进专项资金，缩小地域间教师专业化差距。如西北亚地区各国家间不平衡的教师专业发展会影响该地区教育发展水平，引起区域性教育发展平衡。"一带一路"沿线国家应秉持更加积极开放的态度，在政策制定和资金支持上更加鼓励教师流动和教师专业发展。

高校层面，高校要与世界知名高校师资队伍建设理念接轨，明确教师专业化发展目标，制定规划战略。要重视教师潜能开发与培养，培养教师专业技能，提高教师综合素质。高校要注重总结教师专业发展成功经验，应对"一带一路"国际化进程中教育方面新问题。培养教师教学国际化水准，科研国际化能力。以前沿的国际科研项目来更新新的教学内容，将最新的国际化科研成果转变为培养学生的课程内容。高校要以更加开放的姿态鼓励和促进大学教师流动，将教师的专业发展指标也纳入"一带一路"人才发展战略之中。可通过国际招聘新模式来引进国际化、高水平领军教师任教，吸引国际知名优秀人才到院校任教，相关奖励激励政策完善配套。为本校教师做国际化、专业化培训，为本校教师注入新鲜血液。创新是一个国家教育和人才发展的活力之源。高校教师的专业化发展要提升教师创新能力，鼓励高校教师敢于打破常规，开创新的人才培养方案和课程体系，向世界一流国际创新高校教师培养借鉴体制机制并结合本校实际情况创造性地加以运用。

教师层面，高校教师应有自觉心理，分析国际化教学发展趋势，认识到个人能力的不足，努力提升自身教学能力。"一带一路"的合作重点在于政策沟通、设施联通、贸易畅通、资金融通、民心相通，根本要点在于"通"。教师教育在沟通、联通、畅通、融通、相通之路搭载的快车道也会迅速行驶，不断发展。教师应不断寻求自己的国际化机遇，主动"走出去"，增强与教师专业发展水平高的国家教师学习交流与合作的机会，从而强化实践教学。教师也要适应国际多元化的要求并进行能力提升和自我调节，实现教师对国际交往能力、教学科研能力的提升，如有意识进行外语学习，及时了解留学生动态，积极参与国际科研项目等（本章部分刊发于《高校教育管理》，2018年第3期）。

第八章 “一带一路”倡议下的教育合作

王立生（教育部学位与研究生教育发展中心原主任）

一、“一带一路”倡议与教育合作

（一）“一带一路”倡议

2013 年 9 月 7 日，国家主席习近平在哈萨克斯坦纳扎尔巴耶夫大学发表演讲，提出共同建设“丝绸之路经济带”的畅想。同年 10 月 3 日，习近平在印度尼西亚国会发表演讲，提出共同建设“21 世纪海上丝绸之路”。此二者共同构成了国家级顶层合作倡议——“一带一路”倡议。“一带一路”倡议提出至今已有 6 年，6 年间“一带一路”倡议实现了由构想到全球范围的互通共建，古老的丝路因此而再次焕发生机，“团结互信、平等互利、包容互鉴、合作共赢”的丝路精神也有了新的内涵，构建人类命运共同体，成为新的国际共识。2015 年 3 月，国家发展改革委、外交部和商务部联合发布《推动共建丝绸之路经济带和 21 世纪海上丝绸之路的愿景与行动》，确立了“一带一路”的顶层规划设计。2017 年 5 月“一带一路”国际合作高峰论坛在北京成功举办，本次论坛共形成五大类 279 项成果。目前，已有 100 多个国家和国际组织与中国签署共建“一带一路”合作文件，而共建“一带一路”倡议及其核心理念也被纳入联合国、二十国集团、亚太经合组织、上合组织等重要国际机制成果文件。

（二）教育合作

教育合作是合作理念在教育领域的凝练与实践。在理念层面上，教育合作作为一种重要的文化力量，以一种兼容并蓄的精神推动不同文化的交汇，促使两种或多种文化在交流中焕发新的生机。在实践层面上，教育合作不仅局限于合作办学，而是整合区域教育资源，通过合作办学等多种途径，实现教育资源整合、教育体制机制融合，实现优质人才的培养以及经济社会全面发展和国际竞争力提升，实现从教育融合到文化融合转变[①]，再进一步构筑起人类命运共同体的人文基础。

（三）“一带一路”倡议下的教育合作

“一带一路”倡议的提出与实践的五年间，虽然已取得瞩目成果，但是围绕“一带一路”倡议的意图与大国崛起背后的“中国威胁论”等论调仍然未曾消失。这一现象背后反映出的问题不仅是国际社会对于“一带一路”倡议存在理解上的偏差，而且还隐含着因多元文化差异而产生的陌生感与不信任感。

为了弥合不同文化理念差异所引起的文化冲突，教育需发挥其重要作用。这种作用的发挥并非在于直接解决那些引起人们相互冲突的现实的、难以调和的利益纠纷，而是在潜移默化地影响人们的思想、观念、价值观和看待问题的方式中弥合矛盾[②]。由此可见，教育既是“一带一路”倡议实践中的重要成分，亦是保障“一带一路”倡议顺利展开，实现自身价值的重要文化力量。

从世界文化变迁和中国文化变迁的历史来看，任何一种文化的实质性变革都是在融合中完成的，而且都需要经过至少百年以上的时间。所以，“一带一路”中文化的交流与传播不仅需要精巧的设计，更需要足够的耐心，从当前“一带一路”倡议在相关国家有限热情的反响看，文化工程的实施更需要保持低调而虑远的态势。基于此，2016 年 7 月教育部发布了《推进共建“一带一路”教育行动》，旨在把握“一带一路”倡议所带来的区域教育大开发、大交流、大融合的大契机，加强与“一带一路”沿线国家的教育合作，共同行动，深度融入世界教育改革发展潮流之中，推进“一带一路”教育共同繁荣，为区域教育大发展做出更大的贡献。

---

① 祁亚辉：《教育合作：巩固和拓展中国—东盟命运共同体的人文基础》，《东南亚纵横》2015 年第 10 期。

② 刘宝存、张伟：《文化冲突与理念弥合——“一带一路”背景下新型世界公民教育刍议》，《清华大学教育研究》2018 年第 4 期。

二、“一带一路”倡议下教育合作的意义

“一带一路”背景下，“文化软实力”的背后不是文化征服工具的锻造，而是增强文化自信以求对等；文明冲突的背后不是文明优劣的博弈，而是化解冲突以求平衡。“一带一路”倡议下的教育合作便是新时代背景下国际发展与合作中化解冲突、寻求文明之间和谐相处之道的重要途径。为了进一步体会“一带一路”倡议下教育合作的深层意义，我们需将其与教育援助、教育国际化、教育外交以及人类命运共同体等不同理念相结合。

（一）教育合作与教育援助

国际教育援助是国际组织和富裕先进国家对贫穷落后国家和地区的援助，以帮助这些地区和国家改善生产、经济、卫生、教育和公共福利。它是以外援、技术援助、发展援助和国家发展教育等名义进行的人力、物力和财力以及技术上的援助和支持①。随着国际环境的不断变化，教育援助开始从援助方单向的简单输出转化为援助双方的共同合作。由此，原有的“教育援助”逐渐被取代，“教育合作”这一概念开始为当前国际社会中越来越多的国家（地区）所使用。这一转变表现出国际社会在援助事业中愈发重视平等性，而平等性的强化既是当代教育援助事业发展的重要趋向，亦是“一带一路”倡议发声与行动的立意基础。

“一带一路”沿线国家多半遭受过旧殖民统治体系的剥削和压制，由于历史与自身情况的制约，很多国家至今仍无法摆脱贫困、饥饿、动乱的困扰。与此同时，伴随着全球经济的快速发展，国际竞争日趋激烈，那些本就处于不利处境的国家将会面临更为艰难的局面，若想摆脱自身发展困境，他们必须好好把握世界发展契机。

“一带一路”倡议正是其沿线国家在寻求突破发展的过程中应当适时把握的重要发展契机。追寻历史，我们可以看到，中国作为一个快速成长的大国，在实现自身发展的同时也未曾遗忘自己所肩负的责任。2017 年，在“一带一路”国际合作高峰论坛上，中国政府宣布向参与“一带一路”建设的发展中国家和国际组织提供 600 亿元人民币建设民生项目，10 亿美元定向资金用于沿线国家合作减贫、农业、工业和贸易促进，支持沿线国家实施“幸福家

---

① 徐辉：《战后国际教育援助的影响、问题及趋势》，《外国教育研究》2000 年第 1 期。

园”“爱心助困”和“康复助医”等减贫援助项目，同时提供20亿元人民币粮食援助，改善贫困人口基本生活状况，构建中国与“一带一路”沿线国家的合作减贫机制①。虽说中国在对外援助领域中尚且只是一个初出茅庐的新人，但是在对外援助的实践中，中国始终秉持不附加条件的合作原则，尊重并且促进受援国的自主发展。这一基本态度在“一带一路”倡议下被延续和深化至与沿线国家的教育合作之中。

2016年在教育部出台的《推进共建“一带一路”教育行动》中提出要“实施‘丝绸之路’教育援助计划。发挥教育援助在‘一带一路’教育共同行动中的重要作用，逐步加大教育援助力度，重点投资于人、援助于人、惠及于人。”根据这一政策的立意，中国政府为“一带一路”沿线国家学生设立了专门的留学奖学金项目——“丝绸之路”奖学金，自该奖学金项目实施后，截至2016年底，“一带一路”沿线国家在华留学的学生人数突破20万，其中领取“丝绸之路”奖学金的学生占比61%②。

不同于传统教育援助，“一带一路”倡议下的教育合作是以一个更大的教育援助格局为基础的，在政府、社会等主体的积极参与下，由“输血”转向“造血”，实现共同发展。在此理念的指导下，“一带一路”倡议下的教育合作具有两大典型特征：一是整合区域教育资源，在政府引导与社会的多元参与下，统筹国家、教育系统和民间多方资源，增强合作活力，真正实现自主发展；二是丰富教育合作内容与方式，切实实践人才培养理念，扫清人才培养中的种种障碍。

（二）教育合作与教育国际化

第二次世界大战后全球联系被进一步加深，教育领域的交流与合作也由此不断拓展。教育国际化作为一种理念和一种实践，在20世纪90年代逐渐开始受到中国学者的普遍关注和热烈讨论，这其中高等教育领域的国际化便是焦点中的焦点③。教育国际化是一种文化潮流，是一次世界教育观念、内容、

---

① 张原：《“一带一路”倡议下的中国对外合作减贫——机制、挑战及应对》，《当代经济管理》2019年第1期。

② 忠建丰：《国新办发布会介绍“一带一路”沿线国家民心相通情况》，2017年5月，中华人民共和国教育部（http：//www.moe.gov.cn/jyb_xwfb/xw_fbh/moe_2069/xwfbh_2017n/xwfb_2017zbqt/201705/t20170511_304378.html）。

③ 杨启光：《教育国际化：进程与发展模式》，社会科学文献出版社2011年版，第9页。

手段和成果大交流、大融合和大集成的历史过程。全球化背景下，教育国际化成为一种世界趋势，成为世界教育应对全球化挑战的重要手段与工具[①]。

教育国际化在教育合作的不断推动下，形成了不同主体参与的教育国际化的不同实践层次，主要有以下4种：世界教育国际化、区域教育国际化、国家教育国际化以及学校教育国际化。不论何种实践层次的教育国际化，教育合作都是其发展中的重要形式。在新时期的新背景下，“一带一路”倡议横贯亚欧大陆，涵盖东南亚、东北亚，并最终融合在一起通向欧洲，形成欧亚大陆开放共建的大趋势，可以说“一带一路”倡议是顺应世界发展潮流的积极行动。与此同时，“一带一路”倡议下的教育合作也沟通了教育国际化的不同实践层次，赋予教育国际化新的时代内涵，并在实践中拓展教育国际化所涉领域。

自“一带一路”倡议提出以来，全球学者都对这一倡议给予了极高的关注，一批专门研究平台也应运而生。中外智库围绕“一带一路”成立了许多研究平台，据不完全统计，中国科研机构和高等院校相继成立的“一带一路”研究平台，目前已经达到300家，参与“一带一路”研究的外国知名智库已有50多家，遍及中亚、东南亚和欧美等地区的多个国家[②]。目前，“一带一路”倡议下的教育合作虽囊括了从基础教育到高等教育各教育阶段的合作与发展，但当下的教育合作中重点领域仍是高等教育，而这与教育国际化浪潮的发展重心十分一致，“一带一路”倡议下高等教育领域的教育合作与高等教育国际化是同向而行并且互相作用的两股力量。

（三）教育合作与教育外交

教育外交，其本质属性为“外交”。基于此，教育外交的主体应当是政府，而教育外交的活动则是政府主体在教育领域中的互动与对话。党的十九大报告指出，全面推进中国特色大国外交，形成全方位、多层次、立体化的外交布局，为中国发展营造良好的外部条件。随着“一带一路”倡议的深入推进实施，中国教育的对外开放迎来了历史性契机，“教育外交”在国家总体外交格局当中的角色正在从模糊走向清晰，定位正在从边缘走向中心，对它的运用正在从自发走向自觉，形成一种相对独立且日益重要的外交形式，构

① 高书国：《中国教育国际化发展阶段与特征分析》，《中国高教研究》2016年第12期。

② 忠建丰：《国新办发布会介绍“一带一路”沿线国家民心相通情况》，2017年5月，中华人民共和国教育部（http://www.moe.gov.cn/jyb_xwfb/xw_fbh/moe_2069/xwfbh_2017n/xwfb_2017zbqt/201705/t20170511_304378.html）。

成中国特色大国外交的重要组成部分①。

如今，"一带一路"倡议在文化领域面临严峻挑战，沿线国家复杂多元的文化环境以及由中国崛起而引发的危机感都在不同程度上加剧了中国与其他国家的文化冲突②。"一带一路"倡议在文化领域所需解决的棘手问题不仅是"一带一路"倡议深化拓展和教育合作展开的基本前提，而且也是在国际社会树立良好大国形象的必然要求。

为了妥善应对这些文化冲突，避免冲突发酵，教育外交应当发挥其独特的文化作用，充分把握"一带一路"倡议的发展契机，深化沿线国家教育合作，用文化理念去弥合文化冲突。若想实现教育合作在外交工作中的重要作用，中国政府需保持虚心倾听他者并不断提升策略水平，推动实现价值沟通，并在传播中华文化的过程中，达成思想的深度交流。为了践行教育合作的文化外交理念，中国政府全面拓展与深化了人文交流机制，发挥了包括中俄、中印尼在内的高级别人文交流机制的引领作用，共商共建共享了中国—东盟教育交流周、教育部长圆桌会议、大学校长论坛等重要平台，打造了一批教育人文交流品牌活动，如"中国—东盟双十万学生流动计划升级版"项目等。

（四）教育合作与人类命运共同体

20 世纪 90 年代，在联合国的推动下，28 位国际知名人士组成了"全球治理委员会"，该委员会于联合国成立 50 周年之际发表了一份报告——《我们天涯成比邻》，报告中对全球治理概念进行了界定，自此，全球治理概念开始被国际社会广泛接受。进入 21 世纪以来，全球联系越发紧密，整个世界在共享发展成果的同时也需共同面对生存与发展的危机。不可否认的是无论世界格局如何变动，人类社会已经形成了一个相互依存的共同体的这个事实不会改变。

为适应世界发展的潮流，自 20 世纪末开始多个国家便以培养世界公民为新的教育目标，提倡世界理解教育。这种世界公民教育是一种帮助国家中的公民培养具有世界公民意识、掌握世界公民行动能力、肩负世界公民职责的

---

① 周谷平、韩亮：《"一带一路"倡议与教育外交》，《比较教育研究》2018 年第 4 期。

② 刘宝存、张伟：《文化冲突与理念弥合——"一带一路"背景下新型世界公民教育刍议》，《清华大学教育研究》2018 年第 4 期。

教育[①]。世界公民的培养正是对人类社会所形成的命运共同体的呼应，而人类命运共同体的理念也是中国政府在21世纪大力提倡的重要理念。

2012年中国共产党第十八次全体代表大会首次提出了“人类命运共同体”理念，会议明确指出“要倡导人类命运共同体意识，在追求本国利益时兼顾他国合理关切”[②]。随后“人类命运共同体”理念不断深化，并进一步与“一带一路”倡议相融合。“一带一路”倡议下的教育合作最为突出的一个特点就是对“共”字的强调，如共同、共识、共商、共建、共享、共赢、共生共荣、利益共同体、命运共同体、责任共同体等，由此足见中国关于合作共建“一带一路”的诚心和意愿，这就是要把中国的发展与沿线国家的发展相对接，实现共同建设、共同发展、共同进步[③]。由此可见，“一带一路”倡议的提出与实践的立意就是构建“人类命运共同体”，在此倡议下所开展的教育合作更是推进“人类命运共同体”的重要人文基础。

三、“一带一路”倡议下教育合作模式

自2013年“一带一路”倡议提出以来，历经5年的实践，沿线国家在“一带一路”倡议下收获颇丰，教育合作发展成果显著。“一带一路”倡议下的教育合作不仅仅是开展留学计划或者合作办学，而是从政策到机制，从理念到实践的多维合作，基于政府、市场以及社会等多方面因素的影响，“一带一路”倡议下的教育合作的主要实践模式主要有四类——基于政策的教育合作、基于服务的教育合作、基于资源的教育合作以及基于发展的教育合作。

（一）基于政策的教育合作

基于政策的教育合作是以政府为主要动力去推动教育合作，通过政府间的政策沟通实现国家或地区整体竞争力的提升。“一带一路”倡议下的教育合作本就是政府间政策的合作。而在具体实践中，政策型合作模式主要表现在教育合作中的政策沟通建设与民心沟通建设两方面。

① 刘宝存、张伟：《文化冲突与理念弥合——“一带一路”背景下新型世界公民教育刍议》，《清华大学教育研究》2018年第4期。

② 常雪梅、赵晶：《中共首提“人类命运共同体”倡导和平发展共同发展》（http：//cpc.people.com.cn/18/n/2012/1111/c350825-19539441.html）。

③ 祁亚辉：《教育合作：巩固和拓展中国——东盟命运共同体的人文基础》，《东南亚纵横》2015年第10期。

加强“一带一路”沿线教育政策沟通，在沟通中开展政策研究，畅通沿线各国教育政策信息的交流通道，既为沿线各国政府推进教育政策互通提供决策建议，又为沿线各国的学校和社会力量开展教育合作交流提供政策咨询。一方面，为贯彻落实《推进共建“一带一路”教育行动》和推进展开“一带一路”倡议，教育部重点强调与省部签约共建。教育部与对“一带一路”建设有明确定位、教育国际合作交流基础薄弱的省份签约，给予其实质性支持，开展共建。基于此，教育部与福建、广西、海南14个省（区）、市签署了“一带一路”教育行动国际合作备忘录，基本实现与“一带一路”主要节点省份共建教育行动国际合作平台的全覆盖[①]。另一方面，在与“一带一路”沿线国家的政策沟通中，截至2017年4月，中国与24个“一带一路”沿线国家签署了学历学位互认协议[②]，还在与俄罗斯、希腊、英国等部分“一带一路”沿线国家签署的法律文件中强调加强教育交流合作。

推进“一带一路”沿线国家民心相通，在合作与研究中深化各国与中国之间的互相了解，在增进沿线各国对中国发展模式、国家政策、教育文化等各方面的理解的同时也利用各种文化体验活动、新媒体传播工具等方式增进中国青少年对其他国家文化的理解。

（二）基于服务的教育合作

基于服务的教育合作借助国家政策推动政府服务水平提升，进一步提高政府服务的可获取性。这一合作模式中政府的作用比较突出，主要是提供政策和经费支持，学校则作为政策执行者发挥作用[③]。在“一带一路”倡议下，基于服务的教育合作以对口支援合作为主要方式，以语言互通、学历认证等方面为重点合作内容。

在促进语言互通工作中，中国与“一带一路”沿线国家间开始建构语言学习课程、语言学习交换项目以及院校对接的联合办学等多种形式、不同层面的语言互通机制。一是通过留学计划推进区域研究及语言人才的培养。在实施“丝绸之路”《留学行动计划》后，中国在2016年共选拔226名国别区域研究人才赴34个国家，选派908名涉及37门的非通用语种人才出国培训

① 张保淑：《“一带一路”畅通教育合作》，《人民日报海外版》2017年5月3日第11版。

② 李金林、刘剑青、张乃心：《“一带一路”建设背景下中国教育对外开放的新发展》，《中国高教研究》2017年第8期。

③ 胡秀锦：《区域职业教育合作模式与实现机制研究》，《教育发展研究》2012年第19期。

进修[①]。二是强化国内外语教学中的语言。就国内外语教学情况而言，“一带一路”沿线国家语言的教育覆盖较为全面。在国内院校所开设的“一带一路”沿线国家语言课程中，俄语、阿拉伯语、泰语、越南语开设的院校在25所以上；印尼语、德顿语、蒙古语的开设院校在10~15所院校之间；阿塞拜疆语、土耳其语、希伯来语、柬埔寨语（高棉语）、波斯语、老挝语、印地语、缅甸语、马来语的开设院校在5~10所之间；开设院校在1~5所之间的语种有阿尔巴尼亚语、爱沙尼亚语、保加利亚语、波斯尼亚语等29种语言，而未开设的语言仅有宗卡语、黑山语、迪维希语、摩尔多瓦语4种。三是依托孔子学院推广汉语学习。截至2017年，“一带一路”沿线65个国家中已经开办了136所孔子学院。但是通过孔子学院资源分布与“一带一路”沿线国家产业合作情况的比较和分析可以发现，孔子学院的分布情况与“一带一路”沿线国家的产业合作情况尚不完全匹配。就孔子学院数量的分布而言，50%以上的孔子学院资源集中在发达和较发达国家，而“一带一路”沿线国家大都属于发展中国家，拥有孔子学院的数量仅占孔子学院资源总量的25%。这种分布情况同“一带一路”沿线国家产业合作与发展对语言服务资源的潜在需求存在较大的差距[②]。

在推动学历学位认证标准连通工作中，中国积极推动落实联合国教科文组织《亚太地区承认高等教育资历公约》，协调世界银行编写了《关于国际教育趋势及经验的政策建议》，牵头组织制定了《亚太经合组织教育战略》和《中国落实联合国2030可持续发展议程国别方案》[③]。

（三）基于资源的教育合作

基于资源的教育合作是在政府和市场的双重作用下，发挥国家或区域的教育资源的最大效用，在共建共享中实现共同发展。教育合作可以利用的资源除了一般的物资之外，更为重要的是高质量的人才。所以在“一带一路”倡议下，教育领域开展了一系列以人才培养为主要目标的留学、合作办学、师资培训以及联合培养的重点推进计划。

---

① 谢沂楠：《推进共建“一带一路”教育行动有关情况》（http：//www.moe.gov.cn/jyb_xwfb/xw_fbh/moe_2069/xwfbh_2017n/xwfb_170419/170419_sfcl/201704/t20170419_302850.html）。

② 中译语通·译世界、察哈尔学会：《“一带一路”语言服务全景式报告》（http：//jigou.hqwy.com/web/News_View.asp？ NewsID=12346）。

③ 张保淑：《“一带一路”畅通教育合作》，《人民日报海外版》2017年5月3日第11版。

留学计划与合作办学计划是中国教育领域长期开展的重要项目，而“一带一路”倡议下的留学与合作办学则是在前期的教育合作成果与经验的基础之上，扩大留学与合作办学的规模，有侧重地延续与发展已有项目并开展新的项目。为响应“一带一路”倡议，中国设立了“丝绸之路”中国政府奖学金项目，每年向“一带一路”沿线国家额外提供总数不少于 3 000 个奖学金新生名额。在新时期的背景下，“丝绸之路”留学计划以树立“留学中国”品牌为目的，注重留学人才素质的培养，坚持“出国留学和来华留学并重、公费留学和自费留学并重、扩大规模和提高质量并重、依法管理和完善服务并重、人才培养和发挥作用并重”，为沿线国家培养青年精英和未来领导者。与追求质量的“丝绸之路”留学计划相呼应的是质与量双重提升的中外合作办学。据教育部国际合作与交流司司长许涛介绍，截至 2017 年 4 月，经审批的各类中外合作办学机构达到 2 539 个。其中，本科以上层次项目和机构为 1 248 个，高职高专层次项目和机构 928 个。

师资培训与联合培养计划是立足于高素质人才培养这一目标，推动人才流动与提升的重要措施。教育部在《推进共建“一带一路”教育行动》中指要“加强‘丝绸之路’教师交流，推动沿线各国校长交流访问、教师及管理人员交流研修，推进优质教育模式在沿线各国互学互鉴”。相较于师资培训计划而言，联合培养计划更集中于语言、交通运输、建筑、医学、能源、环境工程、水利工程、生物科学、海洋科学、生态保护、文化遗产保护等沿线国家发展急需的专业之中。

（四）基于发展的教育合作

基于发展的教育合作是借助政府间的政策作用推动不同参与者的共同发展的重要实践模式。在这一模式中，学校作为参与主体的主动性并不突出，教育合作更多地表现为宏观的政策机制层面。“一带一路”倡议下教育合作的重点之一便是构建丝路合作机制，而丝路合作机制也正是推动沿线国家合作发展的制度保障。

“一带一路”倡议下的教育合作必不可缺的是构建畅通高效的教育合作机制。当下的教育合作机制具有复杂的结构，既包括较高层次的人文交流，又囊括了各种类型的合作平台。前者是合作机制理念产生的主要途径，后者则是合作机制发挥作用的重要工具，主要有两种：一是区域性或全球性政府间组织，如上海合作组织、东亚峰会、亚太经合组织、亚欧会议、亚洲相互协作与信任措施会议、中阿合作论坛等；二是全球或区域高校联盟，如中国—东盟教育交流周、中日韩大学交流合作促进委员会、中阿大学校长论坛、中非高校“20+20”合作计划、中日大学校长论坛、中韩大学校长论坛、中俄大学联盟等。借助不同性质的平台，实现“一带一路”沿线国家或地区教育合作中的有效磋商，统筹推进“一带一路”教育共同行动。

四、“一带一路”倡议下教育合作的趋势与展望

回顾“一带一路”倡议提出与实践的五年时光，在世界快速发展大潮流下，危机与机遇是同时存在的。为了更好地应对发展中潜在的危机，并适时把握发展机遇，“一带一路”倡议需在实践中不断深化和总结。新时期中在“一带一路”倡议指引下，面对世界环境的一系列变化，中央政府化被动适应为主动出击，在教育合作中着重资源的优化并发挥优势资源的重要作用，具体而言有两个方面：一是高质量人才的培养，二是重点区域的发展。

“一带一路”倡议若想走得长远持久，真正实现其对世界发展推动作用，除了要保持并增强与沿线国家的联结之外，还必须不断强化自身规划与实践的能力，而这种能力则主要体现为人才的培养，尤其是实践“一带一路”倡议的专业优秀人才的培养。2015 年国务院印发了《统筹推进世界一流大学和一流学科建设总体方案》，正式推动“双一流”建设。在此背景下，“一带一路”倡议下的教育合作需与“双一流”建设紧密结合，一方面通过“双一流”建设为其发展提供急缺的高质量人才，另一方面也在和“一带一路”沿线国家重要高等学府的合作中集中优势资源，为中国“世界一流大学和一流学科”的建设增添活力。

虽说“一带一路”倡议是联通世界的重要发展政策，但是不同阶段、不同地区的发展规划仍需在整体规划下，根据各地区不同发展资源与前景进行有针对性的规划，而一些极具发展潜力的区域则需要重点规划，粤港澳大湾区便是这样的一个兼具发展潜力与优势资源的重点区域。在“一带一路”倡议涉及的国内各地区中，粤港澳地区是最具备发展资本的地区。不仅是因为粤港澳地区的经济总量十分可观，整体发展水平较高，可以为“一带一路”倡议提供坚实的经济支持，而且还因为粤港澳地区本就是一个地理位置极佳

的交通枢纽，虽然目前这一交通枢纽并没得到很好的利用，但这未尝不是“一带一路”倡议与粤港澳地区自身发展的契机。除此之外，粤港澳大湾区教育资源亦十分抢眼，既有世界一流学校与专业，也有极具发展潜力的高校，汇集了丰富的优质教育资源，可以说是“一带一路”倡议下教育合作发展的极佳之处。